《师子林纪胜集(含续集)》校注

狮子林管理处 主编
郭明友 校注

苏州大学出版社

图书在版编目(CIP)数据

《师子林纪胜集(含续集)》校注 / 狮子林管理处主编;郭明友校注. —苏州:苏州大学出版社,2020.10
 ISBN 978-7-5672-3260-0

Ⅰ.①师… Ⅱ.①狮… ②郭… Ⅲ.①古典园林-简介-苏州 Ⅳ.①K928.73

中国版本图书馆 CIP 数据核字(2020)第 184820 号

书　　名	《师子林纪胜集(含续集)》校注 Shizilin Jishengji (Han Xuji) Jiaozhu
主　　编	狮子林管理处
校 注 者	郭明友
责任编辑	周建国
装帧设计	吴　钰
出版发行	苏州大学出版社(Soochow University Press)
出 版 人	盛惠良
社　　址	苏州市十梓街 1 号　邮编:215006
印　　装	苏州工业园区美柯乐制版印务有限责任公司
网　　址	www.sudapress.com
邮　　箱	sdcbs@suda.edu.cn
邮购热线	0512-67480030
开　　本	850 mm×1 168 mm　1/32　印张:8　字数:201 千
版　　次	2020 年 10 月第 1 版
印　　次	2020 年 10 月第 1 次印刷
书　　号	ISBN 978-7-5672-3260-0
定　　价	70.00 元

凡购本社图书发现印装错误,请与本社联系调换。
服务热线:0512-67481020

序

元至正元年(1341),高僧维则来到苏州讲经,受到弟子们拥戴。第二年,弟子们相率出资,买下了古树丛篁如山中的宋贵家别业旧地,结屋以居其师,距今已有678年。

维则名寺"师子林"。"师子"即"狮子",为佛国护法神兽,译者带着对佛法敬虔之情书作"师"。维则称,不是借狮子"摄伏群邪",而是托之以"破诸妄,平淡可以消诸欲"以警世人,也为纪念其师高僧中峰明本原住地天目山师子岩。"林"者乃"丛林"即"寺院",或曰取喻草木之不乱生乱长,表示其中有规矩法度;或曰众僧共住"如大树丛聚,是名为林"。

禅宗是中唐以来迅速发展起来的中国佛学,倡导通过直觉和顿悟以求得精神解脱、达到绝对自由的人生境界的理论,含有对审美与艺术创造的心理特征的深刻理解。禅宗强调"心外无佛",也无"净土",只有"净心",是高度思辨化的佛教派别。禅宗将繁缛严肃的宗教,传承为一种简洁平易的心灵交流。禅宗认为有形之物体不可能长存不灭,故"心外无佛""即心即佛",最初奉行"不立佛殿,不塑佛像",以参禅、斗机锋为得道法门,甚至呵佛骂祖。

禅门临济一宗,肇起于中唐,历五代十国到宋金时期,北方禅众由山林陋居,逐渐向都市地区的大中寺院分流,自耕自食的传统受到破坏,地主式庄园经济日渐成长。蒙元统治者尊崇佛教,禅宗名僧成为北方佛教界的领袖。其中,临济宗名僧海云印简为汉僧中与蒙古权贵建立密切关系的第一人。他领导的北方临济宗，以儒家之教辅佐治国，殿宇雄丽，金碧辉映。赵孟頫奉敕撰写《临济宗正宗之碑》，将印简一系奉为临济宗正宗。

元南方临济宗有功利禅型和山林禅型两类，维则修行的是南方临济山林禅。大多数南方山林禅型僧人或山居隐修，或草栖浪宿，抑或结庵而居，他们拒绝应征，与元王朝关系疏远。这一点，与功利禅型禅师结交权贵、住持大寺乃至参与官场，是迥然不同的。

维则之师中峰明本师承南方临济山林宗祖师原妙（1238—1295）。原妙，号高峰，吴江（江苏苏州）人，俗姓徐。他悟道之后生活极其艰苦，"缚柴为龛，风穿日炙，冬夏一衲，不扇不炉，日捣松和糜，延息而已"。元兵南侵独修如故。1279年，转到杭州天目山西师子岩，营造小室以居，号为"死关"，足不出门十余年，直至逝世。始终保持"遗世孑立"的隐修方式。其弟子中峰明本曰："先师枯槁身心于岩穴之下，毕世不改其操。人或高之，必蹙頞以告之曰：'此吾定分，使拘此行，欲矫世逆俗，则罪何可逃。'"原妙的禅学思想既继承了宋禅的传统因素，又增添了亡国情绪和悲观情调。

维则师承传统，隐遁于山林丛莽之中，从青山绿水中体察禅味。从元代至正年至清代咸丰年五百多年间，狮子林胜流来往，题咏至多。道恂哀而编之，以成《师子林纪胜集》，虽爝火微光，但其中足可窥狮子林早期寺、园原初风貌：

植物有"卧龙梅""万竿绿玉"；有"清池云影间""秀云峰似白头僧"；动物有"密竹鸟啼邃""养得鹤成骑鹤去""龟儿深夜诵莲花""天目岩前涧水声，绝崖荒径少人行"；"竹与石居地之大半，故作屋不多"，燕居之室曰"卧云"、传法之堂曰"立雪"、"指柏"之轩、"问梅"之阁，盖取马祖、赵州机缘以示其采学。曰"冰壶"之井、"玉鉴"之池，则以水喻其法云。师子峰后结茅为方丈，扁其楣曰"禅窝"，下设禅座，上安七佛像，间列八镜，镜像互摄，以显凡圣交参,使观者有所警悟也。从人自身的行住坐卧日常生活中体验禅悦,在流动无常的生命中体悟禅境,从而实现生命的超越和精神的自由。他们过着自食其力、绳床瓦灶式的简朴生活:"半簷落日晒寒衣,一钵香羹野蕨肥。""水西原上种松归。""道人肩水灌蛙蔬,托钵船归粟有余。饱饭禅和无一事,绕池分食瀺游鱼。""汲泉自试雨前茶。"禅僧们觉得"鸟啼花落屋东西,柏子烟青芋火红。人道我居城市里,我疑身在万山中",体悟到自然与生命的庄严法则……

明初洪武六年(1373),维则即天如禅师已去世,此时狮子林方丈是天如禅师的弟子如海禅师,如海乃"以高昌宦族,弃膏粱而就空寂"者,他仰慕大画家、诗人倪云林(倪瓒)之名,请其为狮子林作图。云林亦爱其萧爽,乃为狮子林绘图,并作五言诗《七月廿七日过东郭师子林,兰若如海上人索予画,因写此图并为之诗》:"密竹鸟啼邃,清池云影闲。茗雪炉烟袅,松雨石苔斑。心情境恒寂,何必居在山。穷途有行旅,日暮不知还。"

那时的狮子林:"其规制特小,而号为幽胜,清池流其前,崇丘峙其后,怪石嶙崪而罗立,美竹阴森而交翳,闲轩净室,可息可游,至者皆栖迟忘归,如在岩谷,不知去尘境之密迩也……清泉白石,悉解谈禅,细语粗言,皆堪悟入。"寺景与倪云林枯寒清远的画风相似。

倪云林擅长山水,多以水墨为之,初宗董源,后参荆浩、关仝法,创用"折带皴"写山石,以表现体态顽劣之石,树木则兼师李成,好作疏林坡岸,浅水遥岑之景,以简取胜,意境幽淡萧瑟。自谓所画"写胸中逸气""逸笔草草,不求形似",突出强调了主体的情感、心灵在艺术中的表现,是宋代和禅宗相连的文人画的美学思想在艺术实践中的进一步发挥,绘画艺术在审美上被誉为逸格的顶峰,其傲骨风姿为元代士大夫文人的代表。

盛清时代,狮子林始终保持着"萧疏树石云林画"的风格。

虽然乾隆帝看到的皇家宫藏版倪云林《狮子林图》，因图中有人物、落款时间等问题，今学术界大多认为属临摹，属于"倪款"狮子林图，但云林逸韵尚存：园景概括，笔简气壮，景少而意长。翠竹、秋山、寒林、寺居，气势雄伟苍凉。所以，精于书画，又是超级"倪粉"的乾隆帝笃信不疑，他第一次看到的狮子林是"疑其藏幽谷，而宛居闹市"！于是，六游狮子林，题匾三块、诗十首。乾隆帝还误认为"早知师子林，传自倪高士"，倪云林图绘的也是倪家清閟阁。因此，以倪款狮子林图的意境作为精神范本，分别仿建在圆明园内和承德山庄。直至见到徐贲画的《狮子林十二景点图》，才恍然大悟："将谓狮林创老迂，谁知维则创姑苏。册分十二幼文绘，卷作长方懒瓒图。"苏州狮子林的艺术魅力造就了两座皇家狮子林，成为园林史上的佳话。

今天的狮子林已是世界文化遗产、全人类的艺术瑰宝！禅意假山、"指柏""问梅""立雪""冰壶""禅窝""卧云"等南方临济山林宗遗存，令人抚今追昔，玩味无穷！

今狮子林管理处编、郭明友校注的《师子林纪胜集（含续集）》即将面世，无疑对研究狮子林乃至苏州园林史具有重要价值。

古籍的编集校注向称朴学，朴学，本指上古朴质之学，必须踏踏实实沉潜其中，来不得半点虚浮。

校勘，要有丰厚的知识储备。中国著名历史学家白寿彝先生曾说"通家校书，自古如此"，"通家"是指具备全面的古典文化知识的人，才能胜任校理某一方面古籍的工作。今《师子林纪胜集（含续集）》校注者郭明友读硕博时都是我的学生，他潜心学业，善于爬梳资料，精于考辨，故往往能发前人所未发。被称为"读书之第一要义"的是选择好版本，《师子林纪胜集（含续集）》校注，以咸丰丁巳年（1857）刻本为底本，广罗数十种异本、旁本，诸如《吴郡文粹续编》《四库全书》《续四库全书》《万有文库》《清代诗文集汇编》等选集和丛书,详加校勘,补充了原文的数十处信息疏漏,勘订了一些讹误。

古籍的注释,包括解说字词语音义、探明语源、诠释典故、串讲文意等,涵盖戴震所论治学三学中的考核和义理之学,所需学养及所费心血可想而知!

《师子林纪胜集(含续集)》校注历时两年始成,在此书付印之际,略赘数语为序,以示祝贺。

曹林娣

2020 年 8 月 20 日

于苏州南林苑

凡　例

一、本次校注以咸丰丁巳年(1857)刻本为底本。

二、校本选用驳杂不一,原则上以作者文集的善本刻本为首选,简称"本集";其次是刊刻时间较早的善本选本;再次是一些方志史料。

三、在校注过程中,对于《四库全书》中收存的文本,皆简称"《四库》";对于《吴郡文粹续集》中收录的文本,皆简称"《文粹》"。

四、原文为繁体字形,无句读。校注对于原文皆照录底本中繁体字形,注音采用现代汉语拼音,句读用现代汉语标点符号,注释文字采用现代汉语规范的简体字形。

五、在校对过程中,对于各版本中的文字差异、异体字等,皆完整录存。凡是注者加以研判的结论,皆用【按】予以注明。

六、为便于读者阅读,前文中已经注释的原文,若在后文中再次出现时,也予以注音和简要注释。

七、原文中对作者名号、籍贯以及少量的诗文内容,偶有一些简短的批注文字,校注排版时皆予以照录,同时用"【】"和缩小字体以区别于原文。

八、咸丰年间,狮子林住持映月上人昊朗在抄录《师子林纪胜集》时,曾以乾嘉藏书大家黄丕烈所收藏的抄本"士礼居本"进行校对,并撰写了校勘记,咸丰七年(1857)刊印时附录于原作之后。本次校注内容涵盖了昊朗《校勘记》的全部内容,为保存古籍原貌,彰显前贤之功,也为便于读者阅读、对比和判断,对昊朗所撰校勘记仍予以繁体全文照录,附录于《师子林纪胜集》校注之后;同时,在正文各校注的对应位置,也分别逐条照录,并以"【杲校记】"进行标注。此外,《杲朗校勘记》中有多处省略标注为"《志》"的,皆为《苏州府志》。

目 录

師子林紀勝集

師子林紀勝集·序 …………………………… 釋祖觀　2
師子林紀勝集卷上
師子林菩提正宗寺記 ………………………… 歐陽玄　6
師子林記 ……………………………………… 危　素　12
立雪堂記 ……………………………………… 鄭元祐　14
師子林詩序 …………………………………… 李　祁　19
詩題師子林簡天如和尚 ……………………… 張　翥　20
紀勝寓懷一首 ………………………………… 段天祐　22
寄天如長老禪室 ……………………………… 宇文公諒　24
短歌行為師子林賦 …………………………… 胡　震　25
近律一首奉致師子林 ………………………… 答失蠻　26
山偈奉簡臥雲室中老師 ……………………… 危　素　27
送詎上人由五臺而歸吳下為予致訊天如禪伯
　………………………………………………… 李孝光　28
題天如禪師師子林 …………………………… 韓　璵　30
師子林歌 ……………………………………… 曾　堅　31
志伊劉君持師子林吟卷見示，遂作長句以歸之
　………………………………………………… 黃師憲　32
閱可庭所示師子林圖 ………………………… 何　貞　34

1

《师子林纪胜集(含续集)》校注

和朝彥、廷玉諸公師林佳作輒成唐律一首奉寄天如大德師…………	薛 泰	34
分詠林中八景凡八章…………………………………	塗 貞	35
長句為天如老師賦………………………………………	張 兗	37
五十六字奉上天如禪伯……………………………………	周伯琦	38
師子林五言八詠………………………………………………	周 稷	39
賦師子林長句一篇……………………………………………	鄭元祐	40
師子林八景…………………………………………………	鄭元祐	41
讀遂昌鄭先生師林佳什聊附二章代簡臥雲方丈…………	陳 謙	43
夏日過天如禪師竹院………………………………………	錢良右	44
師林八景八章章四句………………………………………	楊 鑄	46
師子林即景十四首…………………………………………	釋維則	47

師子林紀勝集卷下

師子林圖序………………………………………………	朱德潤	51
師子林十二詠序……………………………………………	高 啟	53
師子林十二詠………………………………………………	高啟等	56
游師子林記…………………………………………………	王 彝	64
師子林十四詠………………………………………………	王 彝	67
師子林三十韻………………………………………………	僧道衍	68
師子林池上觀魚……………………………………………	高 啟	71
和高季迪師子林池上觀魚…………………………………	徐 賁	71
過師子林……………………………………………………	高 啟	72
訪師子林因師,而師適詣予,兩不相值……………………	前 人	72
與王徵士訪李鍊師遂同過師子林尋因公…………………	前 人	73
師子林竹下偶詠……………………………………………	徐 賁	74
七月望日與高季迪過師子林………………………………	張 適	74
晚過師子林…………………………………………………	僧道衍	75

2

重過師子林	前　人	75
師子林遇盈師夜坐	前　人	76
春暮與行書記過師子林	前　人	76
懷師子林因上人	前　人	77
過師林蘭若如海上人索畫因寫此圖并為之詩	倪　瓚	77
次雲林韻	周南老	78
游師子林次倪雲林韻	高　啟	78
臘月四日夜宿師子林聽雨有作	王　彝	79
次韻	僧道衍	79
卷中皆和雲林詩，余亦次嫣雏子韻	張　適	80
題顧定之竹為如海上人	王　彝	80
又	倪　瓚	81
題雲林畫贈因師	高　啟	81
為師子林題雜畫五首	張　適	82
為因師題松梢飛瀑圖	高　啟	83
歲暮過師子林	沈　周	83
師子林圖跋（一）	倪　瓚	84
師子林圖跋（二）	徐　賁	85
師子林圖跋（三）	姚廣孝	85
師子林圖跋（四）	費　密	86
題師子林紀勝集	李應禎	87

師子林紀勝集補遺

敕諭、序文、題詠、圖畫

皇帝敕諭直隸蘇州府長洲縣師子林	朱翊鈞	88
御製新刊續入藏經序	孫　隆	89
跋師子林圖咏	陸　深	91
跋畫冊	錢　穀	93
玄洲精舍（題畫詩）	張　雨	95

過獅林精舍 ⋯⋯⋯⋯⋯⋯⋯⋯⋯⋯⋯⋯⋯⋯	陳　則	96
摹徐賁十二景圖 ⋯⋯⋯⋯⋯⋯⋯⋯⋯⋯	赵　霆	97
赵霆摹十二景圖跋記 ⋯⋯⋯⋯⋯⋯⋯⋯	徐立方	109
師子林紀勝集校勘記 ⋯⋯⋯⋯⋯⋯⋯⋯⋯⋯	杲　朗	110

師子林紀勝續集

師子林紀勝續集目錄 ⋯⋯⋯⋯⋯⋯⋯⋯⋯⋯		118
師子林紀勝續集・序 ⋯⋯⋯⋯⋯⋯⋯⋯	徐立方	119
師子林紀勝續集卷首		
宸翰		
御製（康熙帝書寺額與對聯）⋯⋯⋯⋯⋯	玄　燁	121
高宗純皇帝丁丑年南巡題诗 ⋯⋯⋯⋯⋯	弘　历	121
高宗純皇帝壬午年南巡題诗 ⋯⋯⋯⋯⋯	弘　历	122
御製遊師子林詩 ⋯⋯⋯⋯⋯⋯⋯⋯⋯⋯	弘　历	123
高宗純皇帝乙酉年南巡題诗 ⋯⋯⋯⋯⋯	弘　历	123
御製遊師子林即景雜詠三首 ⋯⋯⋯⋯⋯	弘　历	124
御製再遊師子林作 ⋯⋯⋯⋯⋯⋯⋯⋯⋯	弘　历	125
御製師子林疊舊作韻 ⋯⋯⋯⋯⋯⋯⋯⋯	弘　历	125
高宗純皇帝庚子年南巡，御製《師子林再疊舊作韻》⋯⋯⋯⋯⋯⋯⋯⋯⋯⋯⋯⋯⋯⋯⋯⋯⋯	弘　历	126
高宗純皇帝甲辰年南巡，御製《師子林三疊舊作韻》⋯⋯⋯⋯⋯⋯⋯⋯⋯⋯⋯⋯⋯⋯⋯⋯⋯	弘　历	127
圖【附跋】		
師子林圖（題款）⋯⋯⋯⋯⋯⋯⋯⋯⋯⋯	徐紹乾	127
摹《南巡盛典・師子林圖》跋 ⋯⋯⋯⋯⋯	徐立方	131
師子林圖跋 ⋯⋯⋯⋯⋯⋯⋯⋯⋯⋯⋯⋯	徐承慶	132
師子林紀勝續集卷上		
碑記六首		

敕賜聖恩古師林寺重建殿閣碑記	李　模	134
敕賜聖恩師林禪寺重建碑記	繆　彤	139
重修師子林敕名畫禪寺碑記	彭啟豐	142
畫禪寺碑記	蔣元益	145
重脩畫禪寺大殿記	潘奕雋	147
重修畫禪寺大殿記	彭希濂	150

師子林紀勝續集卷中

賦一首

| 師子林賦（有序） | 顧宗泰 | 153 |

古今體詩四十一首

師子林（聯句）	朱彝尊	159
師子林贈主人張籲三	趙執信	162
過師林寺志感	張大純	162
訥生訂遊師子林賦此卻寄	韓　駟	163
壬午上巳師子林修禊分韻得"崇"字	潘　耒	164
前題"分韻得'湍'字"	毛今鳳	166
前題"分韻得'山'字"	李　綖	169
雪中讌集師子林贈主人張籲三先生，兼呈汪武曹前輩		
	梁　迪	170
師林八景	曹　凱	171
遊師子林	錢陳羣	172
師子林詩爲張籲三先生賦	李　果	173
師子林	前　人	174
師子林和趙秋谷韻	龔翔麟	176
遊師子林	彭啟豐	177
宿師子林	沈德潛	177
獅子林古松歌和陳少霞作	徐　葇	178
夢游師子林	韓是升	179

初過師子林 ……………………………………	前　人	180
再過師子林同吳成菴 ………………………	前　人	180
三過師子林隨侍家慈 ………………………	前　人	181
遊畫禪寺贈昷峯上人 ………………………	潘奕雋	181
秋日偕東畬同年遊師林寺 …………………	前　人	182
遊畫禪寺寄懷昷峯在鎮江 …………………	前　人	183
題南田仿雲林山水(並序) …………………	前　人	183
師子林 ………………………………………	孫登標	184
題師子林圖 …………………………………	劉大觀	186
題師子林圖 …………………………………	袁　枚	186
題師子林圖 …………………………………	潘世恩	187
獅子林 ………………………………………	徐文錫	188
遊五松園 ……………………………………	陸文啟	188
過獅子林與蔡瞻岷飲樹下 …………………	朱　墳	190
遊獅林寺 ……………………………………	蕭　雲	190

師子林紀勝續集卷下
古今體詩八十五首

張應均補圖詩並序 …………………………	張應均	192
張東畬補倪高士師林寺圖，爲徐謝山題，即次東畬韻 …………………………………………	林　芬	193
題師子林圖 …………………………………	沈　琛	194
同蓉溪芷堂游獅子林題壁兼寄園主同年黃雲衢侍御 …………………………………………	趙　翼	194
師子林歌 ……………………………………	吳錫麒	196
師子林 ………………………………………	葉紹本	198
初夏遊師子林 ………………………………	周　寶	199
師子林 ………………………………………	陳大謨	200
師子林山石 …………………………………	屠　倬	201

遊師子林	查初揆	202
師子林古松歌	周 鉢	203
師子林十二詠用高青邱韻	吳翌鳳	204
遊師子林	邵禮泰	205
遊師子林	王賡言	206
師子林	楊試德	206
師子林訪黃四春衢	吳蔚光	207
同胥燕亭明府遊師子林	唐仲冕	209
遊師子林用王右丞過香積寺韻	尤興詩	210
吳門紀遊	樂 鈞	211
初夏遊師子林即事	黃廷鑑	211
重遊師林寺	汪祥楷	212
徐琢珊秀才邀游師子林作	舒 位	212
師子林	徐熊飛	213
五松園	前 人	214
游師子林	郭 青	214
重游師子林	前 人	215
師林寺五絕句和朱野苹文澉同年韻	汪 枳	215
遊師子林	盧希晉	216
師子林示同遊者	朱 綬	216
借榻師林寺	張壽祺	217
三月十四日遊師子林作	褚逢椿	217
遊師子林次郭忠訓韻	前 人	218
師子林	錢瑤鶴	218
為映月上人題黃穀原主簿所寫獅子林圖	王汝玉	219
師子林十二詠和青邱韻	潘 胎	220
春日過師子林兼懷覺阿上人	馮世溎	222
觀師子林假山	朱 琦	222

师子林 ································· 華　宜　223
師子林 ································· 謝永鑑　224
古獅林十二詠 ·························· 劉泳之　225
走筆示師林映公 ······················· 前　人　227
秋日寓師林寺夜坐有懷 ················ 顧錦濤　228
師子林三十韻 ·························· 元　杲　228
遊師子林 ································ 靈　岳　230
遊師子林 ································ 吳瓊仙　230

詞四闋

畫禪寺步月即送劉松嵐之官奉天（調寄南鄉子）
 ································· 潘奕雋　231
題師子林圖（調寄沁園春） ··········· 陳玉鄰　231
題師子林圖（前調次韻） ··············· 宗德懋　232
獅子林（調寄江南好） ················· 劉泳之　233

參考文獻 ································· 234

師子林紀勝集

咸豐丁巳冬刊

師子林紀勝集
咸豐丁巳冬刊

序

  嘗閱《洛陽伽藍記》，愛其摛藻敷華，文外獨絕。惜所載侈陳[1]營建之精，莊嚴[2]之盛，絕無過量。大人提唱宗乘[3]，雖極華藻，不過與《洛陽名園記》等耳，惡足為法門重[4]？
  吾吳師子林，為元天如禪師[5]道場。師宗說兼通[6]，為中峰[7]入室弟子，所著《語錄》《楞嚴會解》《淨土或問》等書，久已流通，海內記莂[8]。後隱於松江九峰[9]者十餘年，吳人買宋名宦別業[10]，築室以奉師，四方學者麇至[11]，遂成叢林。地幽僻，林木翳密，怪石林立，倪元鎮為之繪圖[12]，名益著。當時士大夫皆有題詠，住山道恂[13]錄為《師子林紀勝集》二卷，即士禮居所藏顧小癡手抄本是也[14]。後其地為勢家所佔[15]，寺與園遂分為二[16]。
  我朝翠華[17]屢幸，龍章鳳藻[18]，照耀衹林[19]，百餘年來，名人題詠日新月異。徐稼甫徵君分體詮次[20]，彙[21]為續集四卷，將合刊行世，間[22]序於余。余謂此書旁搜博采，師林掌故備載無遺[23]，非特蘭若[24]增輝，抑且園林生色，較之洛陽《伽藍》《名園》二記[25]，有過無不及。雖然，余更有進焉。古來豪門富族輦金[26]造園，非不名噪一時，不數傳而鞠為茂草[27]。師林片石五百餘年獨存天壤者，實以天如禪師道行[28]歷久彌新有不能磨滅者。在後之人讀此書，而景仰禪師之為人，即其所著書而熟誦之，因而深信宗乘，則此書未始非入道之津梁[29]？若夫品題名勝，尋章摘句，雖極風雅之能事，惡足為法門重？恐非徵君區區[30]著書之本意也。是為序。咸豐七年丁巳[31]秋七月，釋祖觀[32]撰。

校注：

1. 侈陳：铺陈，用浓重的笔墨进行描述。

2. 莊嚴：指佛寺中面目端庄而严肃的佛像。

3. 宗乘：佛教语，本义为以佛法开释启悟、乘载万物，这里指各宗派所弘扬的经义。

4. 惡（wū）足為法門重：不足以被佛门所重视。恶足，何足、不足。

5. 天如禪師：即天如维则（1286—1354），元朝禅师，俗姓谭，江西省吉安市人，得法于杭州天目山中峰明本禅师，得法嗣后传法于吴门，成为临济宗虎丘派的著名高僧。

6. 宗說兼通：佛教语，自悟彻底，即为宗通。这里指对佛教经义的传习和自我阐发达到了融会贯通的大宗师境界。

7. 中峰：即中峰明本（1263—1323），俗姓孙，杭州钱塘人。元代临济宗高僧，法号智觉禅师，又被尊称为普应国师。明本早年师从临济宗高僧高峰原妙，得法嗣后漂泊江南传法布道，自称"幻住道人"，世称"江南古佛"。

8. 記莂（bié）：佛教语，指得到高僧的传授。莂，本义为移栽植物，这里是指佛教传经的一种文体。記，与莂同义。梁简文帝《善觉寺碑铭》："已受恒河佛所，经受记莂。"

9. 松江九峰：即云间九峰，位于今上海市西南松江区佘山镇与小昆山镇（今上海松江科技园区）境内的诸小山丘。九峰得名最早可见于元初诗人凌岩的《九峰诗》。

10. 宋名宦別業：【按】可知在成为师林兰若之前，此地已有比较好的园林理景基础。

11. 麇（jūn）至：群集而来，亦作"麕至""麋至"。《左传·昭公五年》："求诸侯而麇至。"

12. 倪元鎮為之繪圖：倪瓒，字泰宇，别字元镇，号云林子，江苏无锡人，元代四大画家之一。这里指的是倪云林与赵善长合作的《狮子林图》。

13. 道恂：明代僧人，吴县（今江苏苏州）人，擅长文学，精通内外典。道恂初居余杭，后移住持苏州狮子林，其间收集前人记述狮子林的诗文汇编为《师子林纪胜集》。李应祯在跋文中称"今住山道恂"，可知其与李应祯、沈周、吴宽等为同时代人，是狮子林第五代或第六代住持。住山，本义为入住山林里静心修行，这里指住持禅林。

14. 士禮居：乾嘉年間著名藏書家黃丕烈諸多藏書室之一。黃丕烈(1763—1825)，字紹武，一字承之，號蕘圃、紹圃、復翁等，長洲縣(今江蘇蘇州)人，其所藏圖書以版本完善、校勘精良著稱于世。顧小癡：清初吳地人，乾隆元年抄錄《師子林紀勝集》，其餘不詳。其姓名在本書分別出現三次，其他兩處均為"東吳小癡顧渚茶山氏"。顧渚茶山在今湖州市長興縣，杜牧《樊川詩集注》中有《顧渚茶山記》。

15. 佔：占据。

16. 寺與園遂分為二：【按】此間狮子林佛寺與園林空間已分屬兩個物主、兩個空間。魏嘉瓚先生在《蘇州古典園林史》中推斷，寺、園分屬發生在康熙十八年(1679)以前。

17. 翠華：本義指天子儀仗中以翠羽為飾的旗幟或車蓋，這里指御駕。

18. 龍章鳳藻：代指康熙、乾隆二帝及隨從臣工描繪狮子林的詩文。

19. 祇(qí)林：即祇園，這里指禪林。

20. 徐稼甫微君分體詮次：徐立方，字稼，蘇州人。甫，對成年男人的敬稱；徵君，即徵士，指曾受皇帝征召的賢良君子。《后漢書·黃憲傳》："友人勸其仕，憲亦不拒之，暫到京師而還，竟無所就。年四十八終，天下號曰征君。"詮次：編訂目次。【按】民國本《吳縣志》："徐立方，字稼，堂優附生，孝廉方正，(庚申)四月殉難。"咸豐庚申即1860年，可知徐應當死于太平軍攻占蘇州城的戰亂之際。

21. 彙：匯編。

22. 問：請求，索求。

23. 備(bèi)載無遺：完整收錄，沒有遺漏。

24. 蘭若(rě)：本義為森林，引申為可供修行的安靜之處，后泛指寺廟。

25. 《伽藍》《名園》二記：即《洛陽伽藍記》和《洛陽名園記》兩篇記文。

26. 輦金：用車裝運着錢幣，這里指耗費巨資。

27. 不數傳而鞠為茂草：沒传几代就颓败荒芜了。數傳，数代传续。鞠為茂草，亦作"鞠草"，杂草丛生、衰败荒芜的样子。

28. 道行(héng)：泛指道士、和尚修行的功夫，比喻技能、本领等。

29. 未始非：未尝不是。津梁：渡口與橋梁，比喻促人成事的途徑和方法。

30. 區區：方寸之全部，微小而完全的整體，謙辭。

31. 咸豐七年丁巳:即1857年。
32. 祖觀:清道光、咸丰年间的吴地名僧。同治刻本《苏州府志》载:祖观,字觉阿,长洲(今江苏苏州)人。俗姓张,名京度。冯桂芬校邠庐刻本《显志堂稿》卷2《通隐堂诗序》称祖观:"高僧能诗文,晋宋以来不绝。支遁、帛道猷尝流寓吴中,而支遁尤著,郡西白马涧遗迹存焉。涧之南曰月盘桥,桥畔通济庵,余友觉阿上人实居之,盖今之道林也。"

《师子林纪胜集(含续集)》校注

師子林紀勝集卷上

明住山釋道恂重編
元和徐立方校

師子林菩提正宗寺記

翰林學士承旨、光祿大夫知制誥兼修國史,廬陵歐陽玄[1] 撰
奉訓大夫兵部員外郎,臨川危素[2] 書
宣文閣授經郎兼經筵譯文官,王餘慶篆額[3]

　　姑蘇城中有林曰師子,有寺曰菩提正宗,天如禪師[4] 維則之門人為其師創造者也。林有竹萬箇,竹下多怪石,有狀如狻猊[5] 者,故名師子林。且師得法於普應國師中峰本公,中峰倡道天目山之師子巖[6],又以識其授受之源[7] 也。寺名菩提正宗者,帝師法旨請以是額也[8]。
　　其地[9] 本前代貴家別業,至正二年壬午[10],師之門人相率[11] 出資,買地結屋,以居其師,而擇勝於斯焉。因地之隆阜[12] 者,命之曰山;因山之有石[13] 而崛起者,命之曰峰,曰含暉,曰吐月,曰立玉,曰昂霄者,皆峰也。其中最高狀如狻猊,是所為師子峰[14],其膺[15] 有文以識其名也。立玉峰之前有舊屋遺址[16],容石磴,可坐六七人,即其地作棲鳳亭。昂霄峰之前,因地窪,下瀦[17] 為澗,作石梁跨之,曰小飛虹。他石或跂或蹲,狀如狻猊者不一[18],林之名亦以其多也。寺左右前後,竹與石居地之大半[19],故作屋不多,然而崇佛之祠,止僧之舍,延賓之館,香積之廚,出納之所,悉如叢林規制[20]。外門扁曰菩提蘭若,安禪[21] 之室曰臥雲,傳法之堂曰立雪。庭舊有柏曰騰蛟,今曰指柏軒;有梅曰臥龍,今曰問梅閣[22];竹間結茅曰禪窩,即方丈[23] 也;上肖七佛[24],下施[25] 禪座,問列八鏡,光相

互攝[26]，期以普利見聞[27]者也。大槩林之占勝，其位置雖出天成[28]，其經營實由智巧[29]，究其所以然，亦師之願力[30]所成就也。師每說法，參問[31]多至數百，隨其悟解，開導誘掖[32]。有所質疑，剖析至當，莫不虛往實歸[33]。至於安眾[34]，必擇法器，不泛然以容。檀施與資[35]，視師意向，亦不強委。師取供具，纔足即止[36]。諸行省平章[37]，若河南之圖魯，江浙之道童，江西之買住；行宣政院使若岳叔木[38]，肅政使者若普達、實立[39]，稽顙[40]問道，執弟子禮彌恭，旁觀異之。師法施平等，官資崇庳，若罔知[41]也。

寺成之十三年，宜春比邱嗣談以臨川比邱克立所撰事狀[42]，來京師謁余為記。余聞師之名，起敬日久，既摭其事狀[43]，述寺之勝概而記之。其師子名義則必有以[44]，復於其師與友也。古有師子音佛，有師子武佛[45]，言佛之威德能制諸魔也。又曰，師子乳一滴，可迸驢乳百斛[46]。言佛法之眞實能破諸妄也。又若文殊[47]之學得於智，普賢[48]之學得於行。智之勇猛精進莫師子若[49]，故文殊之好樂在師子。行之謹審靜重莫象若[50]，故普賢之好樂在象。後之肖二菩薩者[51]，以之莫詰所從[52]也。今天目之所謂巌，姑蘇之所謂林，其取義必居其一於是矣[53]，豈獨以山石肖貌[54]言之乎？雖然，物有禁格而後有伏降[55]，有比擬而後有眞贋[56]，孰若物我兩忘，形勢俱泯，以師子還[57]師子，以石還石，以林還林，然後佛自還佛，法自還法，菩薩自還菩薩哉？論至於是，師必有以警策其徒矣。

余[58]聞師所說法，不設厓險[59]，不輕揄揚[60]，不自陳衒[61]，悟解緣由，以啟學人捷出蹊徑[62]。其為學平實緝密，鞭辟近裏[63]，一時諸方之乍見乍聞而張磔旁午[64]，未證未得而棒喝生風者[65]，聞師所言皆噤[66]。故自中峰以來，臨濟一宗化機局段[67]，為之一變焉。師舊多論述[68]，有《楞嚴會解》若干卷，有《語錄》《別錄》《剩錄》若干[69]行於世，近乃一掃空言，不尚文字。于談之請、立之狀[70]，余之記能無綺於茲乎[71]？

師俗姓譚氏，吉安之永新人[72]。江浙諸名山屢請主席，堅卻不受,遁跡松江之九峯間十有二年。道價[73]日振,帝師與以佛心普濟文慧大辯禪師之號,兼與金襴僧伽梨衣[74]。

至正十四年甲午十月癸未[75],廬陵歐陽玄記。

師子林記成,老夫念欲自書,適抱病連月,弗克如願。太樸楷法可尚[76],他日此文增重亦幸事也。致意天如師,上石以拓本見寄[77]。歐陽玄頓首[78]。

校注:

1. **廬陵歐陽玄**:庐陵,今江西省吉安市,隋朝时为庐陵郡。欧阳玄(1283—1358),字符功,号圭斋,湖南浏阳人,元代著名文学家,被元顺帝追封为楚国公。欧阳玄为欧阳修之后裔,祖籍为吉安(庐陵),故又称"庐陵欧阳玄"。

2. **临川危素**:临川,即抚州,三国时建郡,隋唐时临川与抚州交替使用,金溪为抚州属县。危素(1303—1372),江西金溪人,字太朴,号云林,元末明初著名历史学家、文学家,善书法。宋、辽、金史的编纂人之一,明洪武二年(1369)受命参与编修元史,撰写《皇陵碑》。著有《云林集》。

3. **王餘慶**:浙江金华人,字叔善,号惺惺道人,师从元代著名书法家康里子山,以儒学和书法名重当世,曾出仕为江南行台监察御史。篆额:用篆字书写碑额。

4. **天如禪師**:《文粹》中此处无"禅师"二字。

5. **狻猊(suān ní)**:传说中外貌与狮子相似的猛兽,亦指狮子。

6. **天目山之師子巖**:位于浙江省临安市境内,岩崖突兀,如狮子昂首雄踞,故名狮子岩,又名狮子口。此处在元末先后建有狮子正宗禅寺、大觉正禅寺,高僧高峰原妙禅师、中峰明本禅师及天如维则禅师都曾在此地修行倡佛。

7. **識其授受之源**:记录其佛法传授之本源。識:记录。授受:从传授到接受。源:本源。

8. **法旨**:佛法之要旨。請:《文粹》中作"与"。【杲校记】請以是額也:"請",黄本作"與",《蘇州府志》所载同。

9. **其地**:《文粹》中在"其"字前有"按"字。

10. **至正二年壬午**:"至正"是元惠宗孛儿只斤·妥懽帖睦尔的年号,

"至正二年"即1342年,岁在壬午。

11. 相率:相继,一个接着一个。

12. 隆阜:隆起成邱。

13.【杲校记】因山之有石:黄本无"之"字,《志》同。

14.【杲校记】是所为师子峯:"为"作"谓",《志》同。

15. 膺:本义指胸口,这里指所立峰石的中上部位置。

16.【杲校记】旧屋遗址:"址"作"墟",《志》同。

17. 濬:同"浚",开挖疏浚。

18.【杲校记】状如狻猊者不一:无"如"字,《志》同。【按】众多湖石如狻猊状,乃为"狮子林"得名根源之一。

19.【杲校记】居地之大半:黄本无"之"字,《志》无"大"字。

20. 规制:规格制度。

21. 安禅:俗称打坐,佛教中指静坐以入定。清黄景仁《题上方寺》诗:"试问安禅者,能忘入世情?"

22.【杲校记】问梅阁:"阁"作"阁",后皆例此,按徐幼文画图亦作"阁"。问梅阁:《文粹》中作"问梅之阁"。【按】今狮子林内仍有卧云室、立雪堂、指柏轩、问梅阁等建筑,但是位置和功能已经发生了根本性变化。

23. 方丈:本义为边长约一丈的四方形之室,通常为禅寺中佛学修养最高的主事高僧所居,故常以此指代住持或寺主。

24. 上肖七佛:墙上绘制了七尊佛像。肖,绘画。

25. 施:设置。

26. 问列八镜:《文粹》中"问"字作"间"。后危素《师子林记》中亦作"间"。【按】"问"当为抄录笔误,本义为禅窝室内四围排列了八面镜子。互摄:相互照映。

27. 普利见闻:以利于使人们明心见性、易于参悟。见闻,目见佛、耳闻法之意。

28.【杲校记】虽出天成:黄本"出"下有"於"字,《志》同。

29. 经营实由智巧:良好的空间布局本质上源自巧妙智慧的设计。经营,古代画论词汇,指空间位置处理。《文粹》中"实"作"寔"。【杲校记】实由智巧:"由"下有"乎"字,《志》作"於"。

30. 愿力:佛教语,心愿造业的能力,多指善愿与功德所产生的效力。

31.參問:佛教语,指拜师问道。

32.誘掖:引导并助其进步。语出《诗·陈风·衡门序》:"故作是诗以诱掖其君也。"郑玄笺注:"诱,进也;掖,扶持也。"

33.虛往實歸:空空而来、满载而归。《文粹》中"實"作"寔"。

34.安衆:使听法信众安静安心。

35.檀施與資:施主捐资助佛。檀施,布施、施舍,这里指捐资助佛。

36.纔(cái)足即止:仅足以维持即可。纔,才、仅仅。《文粹》中误作"財"。

37.平章:即元代的行中书省平章政事,为行省的最高级长官。下文中的"圖魯""道童""買住"皆为当时蒙古贵族官员名字的音译。其中,"圖魯"在史籍中又作"图噜","道童"又作"多通""道通","買住"又作"敏珠""迈珠"。

38.宣政院:元朝时设立的直属中央政府管辖的国家机构,负责全国佛教务,兼辖吐蕃(今西藏)地区的军政事务,院使为其最高长官。岳叔木:《文粹》中"木"作"本"。

39.肅政使:即肃政廉访使,是元朝肃政廉访司的最高官员,负责按察地方官员的吏治政风之得失。普達,人名,又作"布达";寶立,人名,又作"实哩"。

40.稽顙(qǐ sǎng):屈膝下跪,双手朝前,以额触地,亦即五体投地,是古代一种表示极度虔诚的礼节。

41.官資崇庳(bēi),若罔知:好像不知道官阶高与低、俸禄多与少的样子。庳,即卑,低下。

42.宜春:在江西省西北部。比丘:佛教中指年满二十岁、受过具足戒的男性出家人。嗣談、克立,是两位当事僧侣的名字。克立:江西抚州(临川)人,又称立公,即后文中的讵可庭,是苏州狮子林继维则禅师之后的第二代住持,法号卓峰。卓峰于元至正十年(1350)辑录了《狮子林诗》。

43.摭(zhí):选取、摘要、摘取。事狀:即行状,事实情况。

44.必有以:必然有所依据。

45.音佛、武佛:以狮子的吼声和威武仪态来展示佛法的威力。

46.迸:通"併""并",比并、相当的意思。斛(hú):古代量器,早期十斗为一斛,后改五斗为一斛。

47. 文殊：文殊菩萨、文殊师利，佛教中的四大菩萨之一，是大智与大德的象征，其坐骑是狮子。

48. 普賢：普贤菩萨，佛教中的四大菩萨之一，是大愿与大行的象征，其坐骑是大象。

49. 莫師子若：亦即"莫若狮子"，没有能像狮子那样（厉害）的。

50. 莫象若：亦即"莫若象"，没有能像大象那样（厉害）的。

51. 肖二菩薩者：《文粹》中无"二"与"者"字。肖，图绘肖像。

52. 莫詰所從：难以追问其来由。

53. 其取義必居其一於是矣：《文粹》中无"必"与"其"字。居，当、占。於是，在这方面。【杲校记】必居其一於是矣：无"其"字。【按】勇猛精进莫若狮子，兼记师法授受之源，是"狮子林"得名的另外两个根源。

54. 豈獨以山石肖貌：《文粹》中句首"岂"字前有"而"字。肖貌，模拟狮子外貌。

55. 物有禁格而後有伏降(xiáng)：《文粹》中"物"字作"佛"。禁格，戒律规范；伏降，相术占卜中的用语，有冲突制服的意思。

56. 比擬：以此拟彼。眞贗：真假。

57. 還(huán)：还原，返归本原。

58. 余：《文粹》中"余"作"予"。

59. 不設厓險：不设置艰苦危险的情境。厓，通"崖"。厓险，即艰险。

60. 不輕揄揚：不轻易称赞颂扬。揄，《文粹》中误作"榆"。

61. 不自陳衒：不自我夸耀。陳，陈述、叙述。衒，通"炫"，夸耀。

62. 蹊徑：小路，比喻方法、门路。

63. 鞭辟近裏：分析得深入透彻。

64. 乍見乍聞而張磔(zhé)旁午：这里指闻道很浅、对佛理的学习还停留在纷乱铺陈层面的初学者阶段。張磔，铺陈。旁午，纷繁杂错的样子。

65. 未證未得而棒喝生風者：这里指那些自己尚未能够参悟佛理、明心见性就想着用棒喝来顿悟的初学者。未證未得，参禅尚未能证悟。棒喝生风，以棒打或口喝等形式促人醒悟。

66. 噤：噤声，闭口不做声。

67. 化機：变化的枢机。局段：计谋与手段。《文粹》中"段"字误作"叚"。

68. 師舊多論述：《文粹》中"述"字誤作"建"。【杲校記】舊多論述："述"亦作"建"，《志》同。

69. 剩錄：《文粹》中"錄"字誤作"语"。【杲校記】《剩錄》若干：作"剩語若干卷"，《志》同。

70. 談之請、立之狀：即嗣谈的请求和克立所撰的事状。谈，嗣谈。立，克立。见前注42。

71. 余之記能無綺於茲乎：面对嗣谈的请求和克立撰写的事状，我的记文怎能不写得更完美一些呢？綺，华丽的美饰。《文粹》中"綺"字作"赘"。

72. 吉安：《文粹》中无"安"字。【杲校記】吉安之永新人：無"安"字，《志》同。

73. 道價：僧家在修持方面的声望。

74. 金襴僧伽梨衣：高僧的金色袈裟。《文粹》中"伽梨衣"作"袈裟"。

75. 【杲校記】十月癸未："十"作"五"。【按】各本并同，唯《志》作"十"。

76. 太樸：即危素。可尚：值得推崇。

77. 上石以拓本見寄：记文刻写在石碑上后，请寄给我一份拓片。

78. 【按】《文粹》中无"師子林記成"至"頓首"这段文字。

師子林記[1]

應奉翰林文字文林郎、同知制誥兼國史院編修官，臨川危素撰

師子林者，天如禪師之隱處也。師既得法於天目山中峯本禪師，退藏於松江九峯者十有餘年。吳門之問學於師者，買地於郡城婁齊二門[2]之間，實故宋名宦之別業，林木翳密，盛夏如秋，雖處繁會，不異林壑，遂築室奉師居之。屋雖不多，而佛祠、僧榻、齋堂、賓位[3]，縈廻曲深，規制具備。林中坡陀[4]而高，石峰離立[5]。峰之奇怪而居中最高[6]狀類師子。其布列於兩旁者，曰含暉，曰吐月，曰立玉，曰昂霄。其餘亂石磊硊[7]，或起或伏，亦若狻猊然，故名之曰師子林。且謂天目有巖號師子[8]，是以識其本[9]云。立玉峯

之前,故有栖鳳亭,容石磴,可坐六七人,遺基在焉。架石梁絕澗,名小飛虹,昔人刻字尚存。脩竹萬箇,繞其三面,高昌石巖公[10]為書"菩提蘭若"榜其門。簡齋公題其燕居之室曰"臥雲"[11],傳法之堂曰"立雪"。庭有柏曰騰蛟,梅曰臥龍,皆故所名。今有指柏之軒,問梅之閣,蓋取馬祖趙州機緣[12],以示其來學。曰冰壺之井,玉鑑之池,則以水喻其法性云。師子峯後結茅為方丈,扁其楣曰禪窩。下設禪座,上安七佛像。間列八鏡,鏡像互攝,以顯凡聖交參[13],使觀者有所警悟也。師名維則,廬陵之永新譚氏,世名家。初閱雪巖欽禪師禪銘[14],感其言之勇猛精進,厲志求學。海印如禪師[15]道過永新,問答有契[16],時師年才二十餘。如禪師大奇之,其後乃師事本禪師[17]最久,付授[18]之外,深造遠詣,莫可涯涘[19]。本禪師嘗囑師,發明首《楞嚴》之旨,因參酌諸家異同,為《會解》行於世。吳楚之名剎多欲屈師主之,而師堅臥不應,四方之為學者奔走其門,皆虛往而實還。師之為教【闕】,

校注:

1. 此文收录不完整,其他诸本中亦未见收录。

2. 婁齊二門:苏州古城的娄门与齐门。

3. 賓位:本义指宾客的席位,这里指接待香客临时歇息的空间。

4. 坡陀:地形起伏不平。

5. 離立:呈分散状并立。这里指峰石多为孤置的状态。

6. 【杲校記】居中最高:"高"下當有"者"字。

7. 亂石磊塊(kuǐ):用小块的乱石堆垒成高低起伏的样子。

8. 【杲校記】天目有巖號師子:"號"下當有"曰"字。

9. 以識其本:用以记录维则之学本于天目山狮子岩的中峰禅师。

10. 高昌石巖公:即欧阳玄《师子林菩提正宗寺记》中的平章"道童"。《元史》卷144:"道通,高昌人,自号石巖……为江浙行省右丞。"

11. 簡齋公:即欧阳玄《师子林菩提正宗寺记》中的平章"买住",又音译"迈珠""敏珠",高昌人,号简斋,谥号文简。燕居:本义为闲居,这里指静心修禅。

12. 馬祖：马祖道一，俗姓马，汉州什方县(今四川什邡马祖镇)人，谥号大寂禅师，禅宗洪州宗祖师，又称洪州道一、江西道一。明州(今浙江宁波)大梅山法常禅师曾问道于马祖道一，马祖道一以"即心即佛"开悟法常。后来，马祖道一以"梅子熟"赞许法常已参悟。赵州：禅宗六祖惠能之后的第四代宗师，法号从谂(shěn)，祖籍山东临淄，出生地为曹州(今山东菏泽郝乡)。从谂于80高龄之际行禅至赵州(今河北赵县)，弘法传禅达40年。传说其住世120年，人称"赵州古佛"，圆寂后谥号"真际禅师"。禅林有"南有雪峰，北有赵州"之称。

13. 凡聖交參：禅宗参悟的一种方式，又作"凡圣交映""凡圣交彻"，凡心与佛心之间的转换互参。

14. 雪巖欽禪師：南宋禅宗高僧，临济宗高峰妙原之师，中峰明本禅师之师祖。【杲校记】欽禪帥禪銘："禪銘"上當有"坐"字。

15. 海印如禪師：元代高僧，曾于云南大理荡山传法。海印受法于杭州断崖禅师，断崖禅师受法于高峰妙原禅师。故海印与维则同为高峰原妙的再传弟子。

16. 契：合。問答有契：这里指答问合乎佛理。

17. 本禪師：中峰明本禅师。

18. 付授：传授。

19. 涯涘(sì)：边界。

立雪堂記

【元】遂昌 鄭元祐【明德】[1]

榮祿大夫前[2]江西等處行中書省平章政事高昌簡齋公懸車吳下[3]，休心空寂。一日語其門客遂昌鄭元祐[4]，曰："昔應國師[5]倡道天目時，余之先人秦國公平章江浙行省[6]，以其素所學[7]，參叩於國師[8]。時國師之門人高弟東殫三韓[9]，南極六詔[10]，西抵身毒[11]，北彌龍沙[12]，則其近地？可知已。今中吳師子林主人[13]天如和尚，在國師之門尤為得法,上首穎異而秀出者也[14]。余也今茲所寓[15],與師子林相密邇[16],時時扣門,瞻禮請益[17]。其為室不滿二十楹[18],而挺然脩竹則幾數萬个。師與其徒[19]休止其中,蒲團禪板[20]如大叢林,勘辯根研[21],以發明[22]國師之道。名公貴人聞師道風[23],糸拜跪跽[24],獲聞一言如飲甘露然。師機用[25]險峻,傾企[26]莫及,至乎杜門掃卻[27],經歲不出。余[28]雖不敏,竊嘗諦觀[29],師方以大虛空含納沙界[30],王公士庶貴賤雖殊,若夫生死泡沫[31],起滅須臾[32],則未嘗少異。若非師隨方誘掖[33],以倡明心宗[34],則國師之道幾乎其[35]熄矣。余冑出[36]高昌,依佛為命,覿茲僧寶[37],敢同寒蟬[38]。第以學匪房裴[39],艱於贊頌,輒為師手書二扁榜[40]。名其說法之堂[41]曰立雪,禪燕之室曰臥雲,仍命工刻諸梓而揭之[42],以寓余恭承之意[43],子其為我記之[44]。"

元祐[45]曰:"世習下趨[46]豈但人情而已,要離出世間[47]者,亦罕不為名聞利養之所動[48]。若天師[49]者,殆所謂香象渡河[50],金翅擘海[51],為砥柱於波頹瀾倒[52]之日,振清風於炎埃腥腐[53]之中也與。夫禪自少林立雪傳心[54],垂八百餘載[55],至普應國師而其化益隆[56]。今天如[57]師上繼普應,直截眾流,洪[58]倡大法,使參真實悟之士永有[59]依歸,是則簡齋公立雪名堂之意,良有以哉。"

時至正七年歲次丁亥秋七月甲子記[60]。

校注:

1. 鄭元祐(1292—1364):字明德,浙江麗水遂昌人,僑居蘇州,世稱"遂昌先生"。元代文人,有"吳中碩儒,致聲前元"之譽。著有《僑吳集》《遂昌雜錄》。

2. 前:《僑吳集》中無"前"字。

3. 高昌簡齋公懸車吳下:高昌簡齋公即前文中的"平章買住(敏珠)"。懸車,古代官員一般到70歲便告老引退,把車子懸掛起來不用,故用"懸車"指退休卸職還家。

4. 遂昌鄭元祐:《僑吳集》中作"鄭某"。

5. 昔應國師:《僑吳集》中"昔"字後有"普"字。【吳校記】昔應國師:

"應"上當有"普"字。

6. 余之先人:《僑吳集》中作"予先君"。江浙行省:《僑吳集》中無"行省"二字。

7. 所擧:《僑吳集》中無"所"字。

8. 參叩於國師:《僑吳集》中"參"作"恭",無"於"字。

9. 時國師之門人高弟:《僑吳集》中無"時"字,且"高弟"作"弟子"。三韓:最早指代朝鮮南部的马韩、辰韩、弁韩三个小岛,后泛指朝鲜半岛。

10. 六詔:亦即南诏,唐代对川西南及滇、黔一带的六个部落的总称。

11. 西抵身毒:《僑吳集》中"抵"作"穷"。身毒,即古天竺国。

12. 龍沙:北方塞外。

13. 主人:《僑吳集》中作"主者"。

14. 穎異:聪颖过人。而:《僑吳集》中無"而"字。秀出:出众。

15. 余也今茲所寓:《僑吳集》中作"余今所寓",無"也""茲"二字。

16. 相密邇:距离相近,紧密相邻。

17. 請益:《僑吳集》中"请"誤作"谓"。

18. 二十楹:《僑吳集》中"二十"作"廿"。

19. 師與其徒:《僑吳集》中無"師"字。

20. 禪板:亦即心板、倚板、性板、醒板,是僧人坐禅时安放两手或作为靠身的法器。

21. 勘辯根研:分析、辩论、深思、研究。《僑吳集》中"辩"作"辨",【杲校記】同。

22. 發明:阐发昌明。

23. 聞師道風:《僑吳集》中"闻"作"向",【杲校記】同。

24. 跪跽:即两膝着席、上体耸直的恭敬坐姿。跽,长跪。

25. 機用:玄机妙用,用拄杖、手势或棒喝等方法引导信众进入禅悟境地。

26. 傾企:倾慕,企望。

27. 杜門掃卻:即闭门谢客。杜門,闭门。掃卻,意思是关闭柴门不再扫径迎客。《僑吳集》與《文粹》中皆作"卻掃",【杲校記】同。

28. 余:《僑吳集》中作"予"。

29. 竊嘗諦觀:私下里曾经仔细观察。《僑吳集》中無"諦"字。【杲校記】竊嘗諦觀:"諦"作"締"。

30. 以大虚空含納沙界:《文粹》中"大虚"作"太虚"。含納:包含容纳。沙界:佛教语,指多如恒河沙数的世界。

31. 生死泡沫:佛教语,意思是说生与死都如泡沫一样虚幻。《侨吴集》中无"若夫"二字。

32. 起滅須臾:佛教语,发生和毁灭都是瞬间的机缘。《侨吴集》中作"起滅無異"。

33. 若非:《侨吴集》与《文粹》中皆作"自非"。【杲校记】同。隨方:亦即"随方",不拘固定方向,依据情势不同而随机应变。誘掖:诱导扶持,助人上进。

34. 以倡明心宗:心宗即禅宗。禅宗以不立文字,直指人心,以心传心,故又称心宗。《侨吴集》中无"以"字。

35. 其:《侨吴集》中无"其"字。

36. 余胄出:《侨吴集》中"余"作"予"。胄出:出身、裔嗣。

37. 覩(dǔ)茲僧寶:覩,即"睹"。僧宝,佛、法、僧为佛教三宝,其中僧宝指皈依佛教、弘法度众的僧人。

38. 敢同寒蟬:如同秋蝉一样不敢轻易发声。

39. 第以學匪房裴:第,只是。匪,非。房裴,用典出处不详,可能为唐人房融和裴休,二人皆有文采、通佛典、善书,皆官至平章事。

40. 輒:《文粹》中"輒"误作"輟"。為師手書二扁榜:《侨吴集》中无"榜"字。

41. 名其說法之堂:《侨吴集》中无"其"字。

42. 諸:之于。揭:悬挂。

43. 寓余恭承之意:《侨吴集》中"余"作"予";《文粹》中"恭"作"叅"。【杲校记】恭承之意:"恭"當作"叅"。

44. 子其為我記之:《侨吴集》中无"其"字。

45. 元祐:《侨吴集》中"元祐"作"某"。

46. 世習下趨:世俗风气向下坠落。

47. 離出世間:即出离世间,佛语教,意思是经过三观、超越名相,达到离名离相的法身实相世界。《侨吴集》中"離"误作"雖"。【杲校记】要離出世間者:"離"當作"雖"。

48. 為名聞利養之所動：被名利诱惑而改变了初心和立场。

49. 天師：《僑吳集》與《文粹》中皆作"天如師"，原文于行間用小字补书。

50. 香象渡河：佛教语，比喻悟道精深彻底。《優婆塞戒經》卷1："如恒河水，三兽俱渡，兔、马、香象。兔不至底，浮水而过；马或至底，或不至底；象则尽底。"

51. 金翅擘海：这里比喻维则禅师阐发佛理文辞雄健、威力巨大。金翅，佛经故事中的大鸟；擘，用手把东西分开或折断。《大方廣佛華嚴經》："譬如金翅鳥王，飛行虛空，安住虛空，以清淨眼觀察大海龍王宮殿，奮勇猛力以左右翅搏開海水，悉令兩辟，知龍男女有命盡者而撮取之。"

52. 波頹瀾倒：比喻世风日下、随波逐流的局面。

53. 炎埃：火灰，灰烬。腥腐：腥臭腐败之物。《僑吳集》中"腥腐"误作"星雾"。

54. 立雪傳心：即禅宗二祖慧可在少林寺彻夜立于屋外雪中向达摩问道的故事。

55. 垂八百餘載：《僑吳集》中此句作"八百年"，无"垂"字。

56. 其化益隆：禅宗的教化更加昌隆。

57. 天如：《僑吳集》與《文粹》中皆无"天如"二字。

58. 洪：《僑吳集》與《文粹》中"洪"皆作"弘"。

59. 有：《僑吳集》中作"怀"，《文粹》中作"有"。

60. 至正七年：即1347年。《文粹》中此句无"时"字；"甲子"后有"元祐"二字。《僑吳集》中无此时间款，仅有"是为记"三个字。

師子林詩序

茶陵 李祁[1]

　　自天如師坐師子林,中地益闢、景益奇[2],四方之來得於觀覽悟悅者益眾。於是,內而京師集賢翰林之名德重望,外而郡邑詞林賦藪[3]之才俊英游,皆託之詩章,以寫其景物之勝,至有足未及造其境而心與之遊者[4],亦想像摹寫,以極其趣。夫如是,則師子林之得名當時亦已遠矣。

　　余嘗觀其地之廣不過十餘畝,非若名山鉅剎[5]之宏基厚址也。屋不過一二十楹,非若雄殿傑閣之壯麗焜燿[6]也。其徒眾僕役[7]不過十數人,非若高堂聚食常數千指[8]也。若是而能得名於當時之士大夫,無乃以其人而不以其地與?蓋天如師夙自警拔[9],又恒居天目,侍中峰國師而盡得其旨,功深力到[10]愈久而彌彰,是以世之賢士大夫莫不慕其為人而樂談其道,即其地而賦其景[11]耳。師之上弟詎可庭將裒之[12]以為卷,持以示余。余[13]復之曰:"昔之佛舍僧房託名羣賢集中以傳不朽者多矣,若師子林則固無待於詩[14]也。無待於詩而詩以美之者,當世之士大夫也。裒之為卷以傳永久者,可庭也。可庭之意非天如師之意也,欲知師之道者,當於此卷之外求之。"

　　時至正庚寅夏五月書於吳城之狀元坊[15]。

校注:

1. 李祁:湖南株洲市茶陵人,字一初,号希蘧翁、危行翁、望八老人、不二心老人。元惠宗元统元年(1333)进士第二名。

2. 中地益闢、景益奇:其中的地气越来越中正,园景越来越奇美。闢,通"辟",正。

3. 賦藪:辞赋之渊薮。
4. 未及造其境而心與之遊者:没能来到狮子林现场拜谒游观的人。
5. 鉅刹:宏大的寺庙。鉅,大。
6. 雄殿傑閣壯麗焜燿(kūn yào):雄殿,雄伟的宝殿。傑閣,高大的楼阁。傑,杰。焜燿,辉煌。"燿",同"耀"。
7. 徒眾僕役:僧徒与杂役人员。
8. 高堂聚食常數千指:即一门千指,指人数非常之多。
9. 夙自警拔:夙愿发自内心,敏悟超乎常人。
10. 功深力到:功夫深厚,法力高超。
11. 即其地而賦其景:来到狮子林并写诗赋文以描绘狮子林园景。
12. 上弟詎(jù)可庭將裒(póu)之:即欧阳玄记文中的克立,朱德润图序中的卓峰上人。上弟,高足。裒,聚集,收集汇编。
13. 余:《文粹》中此两句中的"余"皆作"予"。
14. 固無待於詩:不必依赖诗文以传世不朽。
15. 至正庚寅:公元1350年。狀元坊:苏州自古状元多,状元坊也有多个,方志中较早的状元坊在醋库巷口,是南宋淳熙年间郡守韩彦质为苏州状元黄由(1150—1225)所立。

詩題師子林簡天如和尚[1]

【元】河東 張翥 【仲舉】[2]

老禪叢林伯[3],休居得名園。幽藏巖壑勝,复[4]絶塵市喧。
除逕去宿莽[5],引池發[6]真源。鳳亭遡澗橋,梅閣鄰柏軒。
咄嗟龍象[7]地,丹碧峩雲騫[8]。怪石洞庭[9]來,荒苔洗雨痕[10]。
散落萬竹裏,歾[11]若熊豹蹲。中有青狻猊,主[12]當眾峯尊。
憑陵[13]鬼神會,呀呷[14]風雷奔。道人一飯已,趺坐[15]蒲團溫。
來者自名相[16],何有眼耳根。伊昔幻住翁[17],千偈波瀾翻[18]。
作大師子吼,洪音殷乾坤。師傳一燈出[19],與世爍[20]羣昏。

摳衣雨花外[21],詎厭[22]參學繁。要知天目下[23],廣闢甘露門[24]。
平生楞嚴讀,衲侶夙所敦[25]。身雖縻[26]塵累,是心孑然存[27]。
睠彼中林社,遲暮或往諗[28]。期師法檀度[29],此道非空言。

校注：

1. 詩題師子林簡天如和尚：《文粹》中"簡"字前有"就"字。

2. 張翥(zhù)(1287—1368)：字仲舉,晋宁(今山西临汾)人,元代诗人。河东：古代泛指山西省西南部的黄河以东区域。

3. 老禪叢林伯：即丛林老禅伯,禅伯是对得道高僧的尊称。

4. 敻(xiòng)：远离。

5. 宿莽：多年生的杂草。

6. 發：挖掘。

7. 龍象：分别是水中和陆地的大力之王,佛教借喻那些修行精进而有超强能力的高僧。

8. 峩：同"峨"。雲騫：高翔如云的样子。

9. 洞庭：即洞庭山,苏州太湖边上的东山和西山。

10. 【吴校记】荒苔洗雨痕："雨"作"秋"。

11. 劣：顽劣,这里指石头奇形怪状不同寻常。

12. 主：主峰,最高峰。

13. 憑陵：入侵。

14. 呀呷：吞吐开合的样子。

15. 趺(fū)坐：佛教徒盘腿端坐的姿势,通常两腿交叠,左右脚各置于右腿和左腿之上。

16. 名相：佛教语。耳可闻者为名,眼可见者为相。

17. 幻住翁：中峰明本号幻住。明本禅师曾在天目山狮子岩有幻住庵,后又于苏州阊门外雁荡村建幻住庵。

18. 千偈(jì)波瀾翻：偈,佛教中用于唱颂的韵文。瀾,《文粹》中作"涛"。

19. 師傳一燈出：佛教说佛法像明灯一样可以照亮世界,指引迷途。因此,佛语中用传灯来比喻传授佛法。

20. 爍：闪烁、照耀。

21. 摳衣：提起衣服前襟。古人迎趋时的动作,表示恭敬。雨花：传说佛祖说法时天落花如雨。

22. 詎厭：詎，岂。厭，满足。

23. 【杲校记】要知天目下："知"作"如"。

24. 甘露門：佛教语，指超越生死的佛法之门。

25. 敦：敦心，专心致志。

26. 縻：拴，捆。

27. 孑然：此处"孑"字当作"了"，原文在行间亦以小字改作"了"。《文粹》中亦作"了"。了然，明晰的样子。

28. 睠彼中林社，遲暮或往論：睠，同"眷"，念想。中林，林间野际。社，祭祀的空间与机构。遲暮，暮年。往論，即《往生论》，天亲菩萨修学净土法门的心得著述。

29. 檀度：佛教六度之一，谓施与可度生死而到涅槃之境的大法。檀，施与。

紀勝寓懷一首

天水 段天祐【吉甫】[1]

都市紅塵三尺深[2]，閉門跫然聞足音[3]。
可庭上人[4]笑相揖，來自吳門師子林。
我家吳門更南去，來往舟航歲年除。
今朝靜聽上人言，正是當時宴游廬。
層林棟宇何參差，誰與構者天如師。
惠然而來奮赤手，咄嗟指麾成就之。
聞師昔在天目時，師子巖下結茅茨[5]。
凌空杖錫[6]幾千里，舊時師子還相隨。
長松修竹森如削，高下峯巒青岈嵽[7]。
市廛密邇無人聲[8]，彷彿山林在城郭。

東河之水清漣漪,滉瀁初陽照丹艧[9]。
雪雲堂室長夏清,虹鳳蛟龍自天落。
趙州柏樹已開軒,常公梅子更營閣。
老師日日飽禪悅,登座乘機出鋒鍔[10]。
法筵[11]大作師子吼,聲震淵潛激寥廓[12]。
老我欲歸[13]歸未能,聞說歸心十培增。
詩成南望三歎息,鴻飛渺渺浮雲層。
便擬休官棄妻子,去作林中有髮僧[14]。

校注:

1. 段天祐:字吉甫,河南開封人。元代泰定元年(1324)進士,官至江浙儒學提舉。擅長書法。天水:位於甘肅省東南部的地級市,古代秦人發祥地,內有麥積山佛造像等多處文化遺產。

2. 紅麈(zhǔ):红尘。麈,刻本在行間以小字更正為"塵"。

3. 跫(qióng)然聞足音:即跫然足音。原指長期住在荒涼寂寞的地方,對別人的突然來訪感到欣悅。後常比喻難得的來客。

4. 可庭上人:即詎可庭,卓峰上人。

5. 茅茨:茅屋,草房子。

6. 凌空杖錫:高僧拄着錫杖飄然而來。杖錫,拄着錫杖,指高僧出行。

7. 岝崿(zuò è):山勢高而險峻的樣子。

8. 市廛(chán)密邇無人聲:城市的房屋很緊密,卻充耳不聞人的喧嘩。

9. 滉瀁(huàng yǎng)初陽照丹艧(huò):水面上光影搖動晃蕩。丹艧,文字本義為紅色的小船,也作"丹雘",即紅色的塗飾顏料。

10. 登座乘機出鋒鍔(è):登座,登上法座。乘機,順循機緣,意思是對信眾隨緣說法。鋒鍔,本義指劍鋒和刀刃,這比喻禪師說法時語言精練而犀利。

11. 法筵:講經說法者的座席,引申指講說佛法的集會。

12. 聲震淵潛激寥廓:震醒了深水之下的游魚,激勵了高遠蒼穹中的飛鳥。

13. 【杲校記】老我欲歸:"老我"作"我老"。

14. 有髮僧:初入禪林尚未剃度的僧人。

寄天如長老禪室

京兆 宇文公諒【子貞】[1]

吳會山水國,清曠娛人心。矧茲衹園地[2],眞成師子林。
峯巒無限好,竹樹一何深。丹鳳栖石上,白虹飛澗陰。
臥雲空性嬾[3],立雪玄機沈[4]。蘿月照行屨,松風吹素襟。
伊余秉微尚[5],念此宜幽尋。引領東南望,何時脫朝簪[6]。

校注:

1. 宇文公諒:字子贞,原籍四川,后迁居吴兴。元代至顺四年(1333)进士。
2. 矧(shěn)兹衹園地:矧,何况。衹園,衹园精舍,这里指寺庙。
3. 嬾:同"懒",这里指放松。
4. 沈:通"深"。
5. 伊余秉微尚:伊,语气助词。秉,持。微尚,谦辞,指细小的志愿或心愿。
6. 脱朝簪:朝簪,朝服,代指京官。这里意思是脱下官服追随高僧去修行。

短歌行為師子林賦

宜春 胡震【震亨】[1]

天目之山師子巖,中峯今代人師子。
一聲震吼春雷奔,百怪千妖驚魄褫[2]。
德山臨濟落機鋒[3],肯向諸方閒豎指[4]。
衣鉢之傳付屬[5]誰,楚士天如得其髓。
中吳長者爭布金[6],為結草菴脩竹裏。
巉巖[7]怪石主羣峰,雄若金毛[8]奮威起。
從人喚作師子林,不忘吾師舊宗旨。
鴻濛[9]天開獻奇狀,山靈[10]有待師栖止。
閒支拄杖訪遺蹤,梁駕飛虹月如水。
栖鳳亭前長笑時[11],夢脫人間槐國蟻[12]。
老梅古柏盤蛟龍,總是禪機無彼此。
我慚兩袖多遊塵[13],願向冰壺弄清泚[14]。
明朝騎鶴扣松關[15],一片白雲千萬里。

校注:

1. 胡震:字震亨,元末文人。【按】作者自標"宜春胡震",应与卓峰上人为同籍、同时人士;元末宜春新喻人胡行简在《樗隐集》卷5之《方壶诗序》一文中称"宗人胡震亨",可知胡震亨籍里为宜春;马祖常《石田文集》卷3有诗歌《送胡震亨巡检》;时人王沂、许有壬等都在文集中,记录了元至正皇帝御书"九霄"二字赐胡震的故事。

2. 驚魄褫(chǐ):被惊吓得魂魄飞离。

3. 德山臨濟落機鋒:德山、临济是禅宗史上的唐朝两位高僧,在开导弟子的时候,德山宣鉴善于用棒,临济义玄精于用喝,后世称德山临济是棒喝家風。機鋒,佛教语,指充满禅机又言辞犀利的话语。

4. 竪指:即俱胝(zhī)竖指、一指头禅。唐代婺州高僧俱胝常竖起一手指头,来启发弟子和信众们万法归一的道理。

5. 付屬:托付,嘱托。

6. 布金:信众为佛僧捐资,即施舍,亦作供养。

7. 巉(chán)巖:如悬崖一样险峻兀立的岩石。

8. 金毛:即金毛狮子。

9. 鴻濛:亦作鸿蒙,古人把开天辟地前的宇宙视作混沌之元气,此即鸿濛。

10. 山靈:山神。

11. 【杲校记】棲鳳亭前長笑時:"笑"當作"嘯"。

12. 槐國蟻:槐国即槐安国,出自唐传奇《南柯太守传》中黄粱一梦的故事。

13. 遊塵:浮扬的灰尘,比喻轻贱的人或物。

14. 清泚:清净明洁。

15. 明朝騎鶴扣松關:騎鶴,驾鹤云游。松關,柴门,这里指隐居山林。

近律一首[1]奉致師子林

西域 答失蠻【彥脩】[2]

聞道高人雅愛山,煙霞深處結禪關。
參差脩竹鳴寒玉,磊硊奇峰聳翠鬟[3]。
古澗雲垂虹氣動,蒼松鶴睡月華間。
扁舟何日休官去,只在姑蘇共往還。

校注:

1.【杲校记】近律一首:"近"作"唐"。

2. 答失蠻:古代对伊斯兰教士的称呼,也作"达失蛮""大石马"。这里用作人的姓名。彥脩:也作"答彥修""答失蛮彥修",号云松隐者,元代西域阿鲁浑氏色目人，诗人。早年入国子监，元至正三年(1343)入为秘书少监。危素有《云松隐者图序》、许有壬有《答失蛮彦修云溪小像赞》等文章介绍彦修。

3. 磊瑰奇峰耸翠鬟：磊瑰，叠石掇山。翠鬟，本义指妇女的发髻，这里比喻秀丽的山峰。

山偈奉簡臥雲室中老師[1]

临川 危素【太樸】

坐禪銘自集雲[2]傳，一念還超佛祖前。
此是菩提眞種子，開華成實是年年[3]。

天目巖前澗水聲，絕崖荒徑少人行。
等閒[4]會取楞嚴旨，雲散天空月自明[5]。

九衢塵土晝漫漫，瞬息光陰孰控摶[6]。
師子林中方入定[7]，天花如雨落巖端。

道人燕坐[8]萬緣空，棲鳳亭深一徑通。
只有庭前栢樹[9]子，無言長日倚東風。

鄉僧幾載客吳門，世味蕭然道義尊。
等是[10]江湖未歸去，寸心何日與同論
【卓峯上人與予同里，故附致區區】。

落拓京華久未歸，山中失卻綠簑衣[11]。
閒來描寫虛空看，但說虛空竟已非。

校注：

1. 山偈奉簡臥雲室中老師：【按】此组诗收录于危素的《云林集》中；《文粹》亦有收录，诗题"老师"后衍"六首"二字。

2. 集雲：禪宗寺廟名。
3. 開華成實是年年：華，花。實，果实。是，原文在行间以小字更正为"自"，《云林集》与《文粹》中皆作"自"。
4. 等閒：轻松从容的样子。
5. 雲散天空月自明：这里指维则禅师阐发《楞严经》的《语录》《楞严会解》《净土或问》等著述的开释作用，如晴空明月。
6. 控摶（tuán）：掌控、控制。
7. 入定：入于禅定。
8. 燕坐：安坐、闲坐，这里指坐禅。
9. 栢（bǎi）樹：柏树。
10. 等是：同样是，都是。
11. 綠蓑衣：出自张志和的《渔歌子》，即钓徒隐者之衣服。

送詎上人[1]由五臺而歸吳下為予致訊天如禪伯

永嘉 李孝光【季和】[2]

盧夷縣[3]東山五巒，映天劍戟青巑岏[4]。
五月六月北風作，雪花漸大如玉盤。
谷中正午冰柱折，野雉驚鴝蛇解蟠[5]。
白瑤[6]為城長不夜，師利仙人[7]擁獅駕。
華鬘珠瓔[8]妙說法，天神歡喜毒龍怕。
汾州亦有曇鸞師[9]，萬人圍繞彈指咤[10]。
道人久住師子林，師旁立雪覓其心。
遣登五臺見師利，更求滅妄舍五陰[11]。
此行既度積雪澗，回首卻憶含暉岑。
倒跨金毛威奮迅，歸見爾師煩問訊。
俗子癡聾餘利觜[12]，焉知霹靂飛千仭。
杖藜他日扣禪關[13]，為余拈出無文印[14]。

校注:

1. 詎上人:即詎可庭,卓峰上人。
2. 李孝光(1285—1350):初名同祖,字季和,号五峰,后代称之"李五峰",浙江温州人。元代文学家、诗人、学者。此诗在四库本《五峰集》中未见收录,今陈增杰所著《李孝光集校注》中有录。
3. 盧夷縣:汉县名,在古代州(今忻州),因境内有五座连峦环秀之山(五台山),隋代改卢夷为五台。
4. 巑岏(cuán wán):山峰高耸、尖峭兀立的样子。
5. 野雉驚鴝(qú):雄鸡受到小鸟的惊吓而鸣叫。鴝,本义是八哥类的小鸟,这里指鸟的叫声。蟠:盘曲,这里指蛇蜷缩的状态。
6. 白瑤:白玉。
7. 師利仙人:即文殊师利、文殊菩萨。
8. 華鬘(mán)珠瓔:華鬘,用丝编织成为装饰性的缀花。珠瓔,穿珠的璎珞,常用作项饰。
9. 曇鸞師:曇鸞,又作"昙峦",南北朝北魏的高僧,是杰出的净土宗大师。
10. 彈指:佛教语,本义是弹响指头的动作,比喻时间极短的瞬间。咤(zhà):怒吼,大喊。
11. 滅妄:除灭妄心、妄想、业障。五陰:佛教语,色、受、想、行、识等五种遮蔽了人的本性的事物。
12. 餘利觜:还余有利禄之心。利觜(zī),尖锐的嘴角。
13. 扣禪關:扣开禅门。禪關,指禅门,也比喻达到彻悟前必须越过的关口。
14. 拈(niān)出無文印:拈,用手指轻巧地捏取。無文印,即不立文字,以心传心。佛祖释迦牟尼在灵山会上说法时,拈花示众,信众不解其意,迦叶最早参悟此乃"不立文字、以心传心"之意。禅宗尊迦叶为始祖,拈花动作因此成为印心传法的重要方式。

題天如禪師師子林

薊邱 韓璵【廷玉】[1]

高會清涼振斗茸[2],廣開箕吻[3]吼晴空。
石頭路滑金鈴重[4],天目巖高寶座雄。
堂倚竹雲清立雪[5],橋橫澗月小飛虹。
禪林多致傳京闕[6],擬向東吳挹化風[7]。

校注:

1. 韓璵:字廷玉,又作庭玉,元统元年(1333)进士,蓟州人。蓟邱:又作"蓟丘",在北京城外西北隅。张守节《史记正义》载:"幽州蓟地西北隅。"

2. 清凉:清凉法界。茸:鹿角。

3. 箕吻:张开的大口。

4. 石頭路滑:比喻南岳衡山佛学之胜。石頭,代指南岳。《传灯录·道一禅师传》载,邓隐峰辞师,师云:"什么处去?"对云:"石头去。"师云:"石头路滑。"金鈴:即金刚铃,原本为铃形的乐器,后成为佛教(密宗)中修法说法时所用的唤醒之器。多以金属铜制作而成,故作金铃;其中尤以西藏密宗最为常用,故又称藏铃。

5. 堂倚竹雲清立雪:即立雪堂、修竹阁、卧云室、小飞虹等狮子林园景。

6. 致:风致、姿彩。京闕:京城。

7. 挹(yì):本义是引水、舀水,引申为牵、拉,这里是提振的意思。化風:教化世风。

師子林歌

臨川 曾堅【子白】[1]

長洲之苑故宮側[2],古木修篁净如拭。
狻猊虎豹列兩班,天賜眞僧[3]師子國。
師子昔踞天目山,千巖萬壑煙雲間。
師子今居故宮苑,金毛猶帶嵒花斑。
垂頭帖耳不敢移,靜聽玉麈[4]行指揮。
毫光夜夜貫西極[5],星斗歷落銀潢[6]低。
壯哉師子有如此,眞僧謂誰天如子。
禪心久臥露地牛[7],法力高驤越崖兕[8]。
座前弟子雲繞旋,旛幢[9]建在師子邊。
曉林含暉半天赤,夕阜吐月孤光縣[10]。
玉鑑渟渟[11]遠相照,指柏軒中一微笑。
便當騎此出林間,龍躍[12]蛟騰共吟嘯。

校注:

1. 曾堅(?—1370):字子白,江西抚州人,元末至正十四年(1354)进士,与危素齐名,元代时官至翰林学士,明洪武初年曾任礼部侍郎。

2. 長洲之苑故宮側:苏州古城内曾有吴王宫,城外有长洲苑。

3. 眞僧:持戒精严的和尚。

4. 玉麈(zhǔ):亦即麈柄、麈尾,是古人闲谈时执以驱虫、掸尘的一种工具,这里代指驾乘狮子时手中用于驱策的工具。

5. 毫光:细密如毫且四射的光线。西極:本义是西方极远之地,这里指西天极乐世界。

6. 銀潢:天河、银河。

7. 露地牛：即露地牛车，出自《华严经》，喻大乘佛教。
8. 高驤(xiāng)：高飞腾越的样子。兕(sì)：犀牛。
9. 旛(fān)幢(chuáng)：旛，高挑起来的直挂的长条旗子。幢，原指支撑的木竿，后借指帐幕、旌旗等。
10. 縣：悬。
11. 渟渟：水流平静的样子。
12. 躍：同"跃"。

志伊劉君[1]持師子林吟卷見示，遂作長句以歸之

潛霍 黃師憲【伯澗】[2]

吾聞西方之國師子兒，猛搏犀象驅熊羆[3]。
西方眞人專法道，起居往往馴擾之。
老師學道本西裔，面壁多年棄文字。
一朝得法下西峯，還闢叢林跨師子。
林中茅草新葢菴，中有七佛同禪龕。
雄峯[4]踞地尾脊動，鬱鬱窗戶生晴嵐。
暮挹蒼崖新月吐，朝躋碧嶂清暉含。
空亭窈窕見栖鳳，虹飛碧澗淩[5]巉巖。
方池古井不受涗[6]，但如玉鑑墮地冰壺涵。
蟠梅舞柏初莫識，怳[7]疑蒼龍臥石蛟升潭。
暮雲春樹[8]大江南，京塵兩鬢垂鬖鬖[9]。
劉郎[10]索詩重我慚，與君何日窮幽探。
葛巾苡屨[11]同咨參，天如披襟為客談。
疎鐘忽動同長鑱[12]，過溪絕倒還成三[13]。

校注：

1. 志伊劉君：刘志伊，元末文人，江西宜春人。刘志伊曾有感于时人苏

天爵编录《元文类》只收录尊官巨人之文,而不收录山林枯槁之士的作品,决计编录《大元文乘》。为此,危素和陈基都写了赠序予以鼓励,其中危素序文中作"镏志伊"。

2. 黃師憲:字伯渊,元末诗人。《六艺之一录》中收录了黄师宪与杨维桢、郑元祐、陈基、段天祐、王庆余等人一起唱和于无锡华幼武春草轩的诗歌。诗末落款为"合肥黄师宪"。潛霍:潜山与霍山,今皆属安徽省境内。

3. 搏(tuán):【按】"搏"字误,当作"摶"。駆:原文作"軀",刻本在行间用小字注改作"駆"。熊羆(pí):熊和罴两种猛兽。

4. 雄峯:指狮子峰。

5. 淩:凌跨。

6. 涴(wǎn):水流曲折蜿蜒的样子。

7. 怳(huǎng):同"恍"。

8. 暮雲春樹:对远方友人的思念。出自杜甫《春日忆李白》诗:"渭北春天树,江东日暮云。"

9. 京塵:即京洛尘,出自西晋陆机《为顾彦先赠妇诗》:"京洛多风尘,素衣化为缁。"比喻功名利禄等尘俗之事。髩:同"鬓"。鬖鬖(sān):头发下垂的样子。

10. 劉郞:即刘志伊。

11. 葛巾芒(máng)履:穿着用葛布做的巾袍,用草编织的草鞋,即指粗衣草鞋。

12. 踈鐘:亦作"疏钟""踈钟",寺庙里传出来的稀疏而缓慢的钟声。囘:古"回"字。鑱(chán):早期为象征权力的神器,后演变为翻土的金属农具,即犁铁。

13. 絕倒:笑得前仰后合。成三:东晋高僧慧远送客道教高士陆修静和隐士陶渊明过虎溪的典故。相传慧远在庐山东林寺潜心修佛时立誓绝俗:"影不出户,迹不入俗,送客不过虎溪桥。"一次,陶、陆二人来访,三人相谈甚欢,临别时慧远送客,竟然不觉越过了虎溪界限,听到了虎啸声慧远才意识到已经出界,三人遂大笑作别。

閱可庭[1]所示師子林圖

臨江 何貞【彥正】[2]

上人吳中來，訪我燕山麓。圖示師子林，勝景紛在目。
曲澗駕飛虹，招提[3]俯巖谷。小沼近山開，芳亭依樹築。
石峯何低昂，連雲傍脩竹。豈無點頭[4]意，凌霄如立玉。
黃昏吐孤蟾，清曉含新旭。尤愛柏與梅，歲寒伴幽獨。
老師住其間，澹然無所欲。經年不出戶，深徑莓苔綠。
坐看行雲馳，臥與歸雲宿。亦欲共遨游，地遠誰能縮。

校注：
1. 可庭：即讵可庭，卓峰上人。
2. 何貞：字彥正，江西抚州人，元明間文人。
3. 招提：民间自造的寺院。
4. 點頭：《莲社高贤传》载，"竺道生入虎丘山，聚石为徒，讲《涅盘经》，群石皆点头"。

和朝彥、廷玉諸公師林佳作輒成唐律一首奉寄天如大德師[1]

鄞邱 薛泰【伯安】[2]

碧巖師吼震霜林，月冷天高夜正深。
松頂寒驚玄鶴[3]唳，洞中清和老龍吟。
禪醒浮世三生夢[4]，妙契真空萬古心[5]。
菴外芳泉澄玉鑑，往來誰不濯塵襟。

校注：
1. 廷玉：即韩玙，字廷玉，有《题天如禅师师子林》诗。朝彦：姓名不详。
2. 薛泰：字伯安，元明间文人、曲作家，钟嗣成《录鬼簿续编》收录其名。鄴邱：邺城，今河北临漳县。
3. 玄鶴：黑鹤。
4. 浮世：人世间。三生：佛教语，即前生、今生、来生。
5. 妙契：神妙地契合。眞空：即小乘佛教中的涅槃。

分詠林中八景凡八章

豫章 塗貞【叔諒】[1]

師子峯
我聞師子峯，來自師子巖。
騰驤[2] 勢欲吼，萬籟振松杉。
為問同虪[3] 虎，聽經到幾函。

栖鳳亭
丹山五色鳳，林下見來儀。
古竹黃金節，高梧碧玉枝。
御圖招瑞應[4]，須及聖明時。

飛虹橋
吐月與昂霄，兩峰相對高。
護[5] 得飛虹住，化為青石橋。
竹風橋下過，平地響[6] 波濤。

指栢軒
答禪無準的，隨意指庭柏。
葉葉[7] 見天機，無言只自知。
拈花曾有得，於此莫相疑。

問梅閣
滿林都是雪,何許問梅花。
暗識飄香處,西園一樹斜。
山人開小閣,相對讀楞伽[8]。

玉鑑池
玉池明似鏡,千丈瀉青天。
試此窺秋影。虛空不異禪。
夜深山月上,搖蕩一珠圓。

立雪堂
竹君兼石友,帶雪勢崚嶒。
歲寒守孤硬,小大立盈門。
卻笑嵩山下,齊腰一箇僧[9]。

臥雲室
林中方丈室,虛白晝生雲。
觸壁銀濤[10]起,穿櫺雪練[11]分。
山翁忘世慮,高臥看氤氳。

校注:

1. 塗貞:字叔諒,古籍中多作"叔良",元末文人,江西人。陳基有文章《送涂叔良序》。豫章:古代區劃名稱,是江西建制後的第一個稱呼,今為南昌別稱。

2. 騰驤(xiāng):飞腾,奔腾。

3. 虓(xiāo):虎啸。

4. 招瑞應:天降祥瑞以应验君王贤德和盛世太平。招,行间小字自注改为"昭"。

5. 護(hù):保护。

6. 響(xiǎng):声响。

7. 葉葉:佛语中有"一花一世界,一叶一菩提"之说。

8. 楞伽:即《楞伽經》,全称为《楞伽阿跋多罗宝经》,亦称《入楞伽经》《大乘入楞伽经》。

9. 一箇僧:即禅宗第二代祖师神光(法号慧可),传说他曾在嵩山彻夜立雪于达摩门前,企求达摩传法。

10. 銀濤:云海。

11. 櫺(líng):窗棂。雪練:洁白如流水般的绢帛。

長句[1]為天如老師賦

蜀郡 張兌【文說】[2]

老師時至道機熟,鐵錫[3]孤飛下天目。
吳人買地城東隅,故宋名家有喬木。
怪石蹲踞如師王,清籟時時響空谷。
月中萬竹含清暉,煙際[4]羣峰立蒼玉。
亭臨石磴容鳳栖,澗接飛梁看虹浴。
梅龍南指非羅浮[5],柏子西飄豈天竺。
法門無礙人得窺,翳翳天花繞禪屋。
何當與師臨玉池,一洗煩囂立幽獨。

校注:

1. 長句:这里指排律长诗。

2. 張兌:字文悦,元明间澧州慈利(今湖南省张家界市慈利县)人,元至正元年(1341)进士,曾任德州牧、翰林国史编修、辰州路总管等,著有《溪堂集》。

3. 鐵錫:锡杖。

4. 煙際:烟云迷茫之处。

5. 梅龍:狮子林此时有古梅,名曰卧龙。羅浮:罗浮山,在广东省惠州市,以梅花著称于世。

五十六字[1]奉上天如禪伯

鄱陽 周伯琦【伯溫】[2]

多士來叄蘭若林[3],阿師語默示無心。
鉢中龍起窺禪定,洞口猿吟學梵音。
鄮嶺寒煙阿育塔[4],祇園秋雨給孤[5]金。
柏軒梅閣春無恙,解組[6]何時遂雅尋。

校注:

1. 五十六字:即七律,七言八句,共计五十六字。
2. 周伯琦(1298—1369):字伯温,号玉雪坡真逸,饶州鄱阳(今江西省鄱阳县)人,元末书法家、文学家。
3. 多士:众多文士。叄(cān):《文粹》中作"参",参禅。蘭:《文粹》中误作"萃"。
4. 鄮(mào)嶺:䣓山,在浙江宁波,秦代郡县制中隶属于会稽郡。阿育塔:阿育王塔。
5. 給孤:给孤园,传说中古印度的佛教五大道场之一,后泛指佛寺。
6. 解組:解绶,解下印绶,意思是辞去官职。

師子林五言八詠

豫章 周稷【大年】[1]

師子峯
蚤從天目來,還記舊時否[2]。舉頭見奇峯,如見師子吼。

栖鳳亭
結亭傍巖壑,脩竹與雲齊。歲寒不改節,中有鳳皇栖。

飛虹橋
石橋駕小虹,上有往來路。試問塵中人,幾人曾此度。

指柏軒
翠柏蔭崇軒,滿地蛟龍影。指出與人看,非心亦非境。

問梅閣
一種孤高節,誰分南北枝。松林茅舍外,黃熟已多時。

立雪堂[3]
問法身忘倦,堂前積雪深。飛花知落處,弟子已安心[4]。

玉鑑池
沈沈鏡面平,澹澹清無底。山深風不來,波浪何曾起。

臥雲室
高臥已無夢,休將枕子推。月梅橫紙帳,春在白雲堆。

校注:

1. 周稷:字大年,元末文人,《全元诗》中收录其诗歌仅有这八首诗。
2.【杲校記】還記舊時否:"時"作"遊"。
3.【杲校記】立雪堂:按黃本,此題詩在《玉鑑池》詩後是也。
4. 安心:禪宗二祖慧可(神光)向達摩祖師求安心之法的故事。事見《景德传灯录》。

賦師子林長句一篇[1]

遂昌 鄭元祐 【明德】

萬竹陰陰師子林,蒼霏如雲[2]不厭深。
影當初陽鸞鳳舞,響作平地蛟龍吟。
契機原非擊後悟[3],乘涼已向[4]栽時尋。
行鞭土酥雖佶屈[5],霑潤法雨方陰森[6]。
笋時不傳餐玉法[7],定起每聞貫珠音[8]。
不知閻浮有六月[9],只緣毘耶[10]無二心。
眼光於焉[11]爍天地,耳度乃邇式玉金[12]。
老矣蒲鞋尚堪織,貧豈藜羹長乏斟。
養威[13]窟中善自愛,解鈴[14]領下知誰任。
顧我[15]塵勞竟何已,便應於此投華簪[16]。

校注:

1. 【按】此诗在四库本《侨吴集》中作"师子林"。今徐永明校点《郑元祐集》、邓瑞全等人校点《郑元祐集》两书中,此诗题皆作"则天如师子林"。今按"则"当为"赋"字之误。【杲校记】赋师子林长句一篇:黄本无此八字。以诗后"天如和尚上嗣"云云移此為題。

2. 雲:《侨吴集》中误作"雪"。

3. 擊後悟:棒喝后开悟。

4. 已向:《侨吴集》中"向"作"在"。

5. 行鞭土酥雖佶屈:行鞭,指竹笋长出竹节。土酥,这里指土壤松软。佶屈、屈曲,曲折。《侨吴集》中"佶"作"诘"。

6. 霑潤法雨方陰森:霑润,施以恩泽。法雨,佛教语,指佛法。佛法普度众生如雨之润泽万物,故称法雨。《侨吴集》中"方"作"尤"。

7. 餐玉法:服食玉屑以成仙的方法。

8. 定起每聞貫珠音:定起,入禅定后起身。貫珠,成串的珠子,这里指念珠。《侨吴集》中"聞"作"听"。

9. 不知:《侨吴集》中"不"作"那"。閻浮:即阎浮提、南阎浮提,位于四大部洲之南部赡洲,为人居之洲。后泛指人间世界。

10. 毘耶:《侨吴集》中"毘"作"毗",异体字。梵文译音,古印度城名。又译作"毗耶离""毘舍离""吠舍离"。

11. 於焉:《侨吴集》中"於焉"作"固已"。

12. 耳度乃邇:《侨吴集》中"耳"误作"王","乃"作"政"。式玉金:即金相玉式,指形式和内容都很完美。【昊校记】耳度乃邇式玉金:"邇"作"爾"。

13. 養威:即养威蓄锐,意思是培植威力、积蓄锐气。

14. 解铃:比喻解决纠纷或困境。

15. 顧我:回想我自己。《侨吴集》中"顧我"作"扰扰"。

16. 華簪:本义是华贵的冠簪,这里代指显贵的官职。

師子林八景[1]

鄭元祐

天目耽耽師子巖,金毛閃日燿[2]煙嵐。
轉身卻向中吳吼,直與凌霄勢並參。

翽翽[3]朝陽孤鳳皇,綠筠千尺起高岡。
何人解續卷阿頌[4],戞玉鏦金作晚涼。

彩霓連蜷飲長空,老僧咄作小飛虹。
艤舟[5]因憶吳江釣,蒼雪吹涼滿雨蓬[6]。

謾道龍駒踏殺人[7],梅花成實[8]又逢春。

不因嚼碎無留核[9],誰向征途洗渴塵[10]。

反覆禪機老趙州[11],庭前柏樹幾經秋。
空林元自無枝葉[12],莫着神鸞宿上頭[13]。

活水涓涓一鑑開,玉光射日瑩無埃。
臨流照見行禪影,天際孤雲驀地來。

少林山裏雪漫漫,誰復將心與汝安。
近日師林寒徹骨,冰花吹滿碧琅玕。

老隨[14]雲臥不朝天,定影長當[15]木榻穿。
便是繡衣[16]傳詔下,空山且復伴龍眠。

　　天如和尚上嗣普應國師,倡道東南。其謝絕諸方,一以國師遺訓,既卻掃松江之上,而中吳之人必欲得和尚來吳也,於是建師子林以延致之。居亡何,四方之士為詩歌,以寓其游從之意者凡若干。余亦隨例賦長句一篇,復作八絕以詠其景物,後之來者紀詠續至當不止此云。[17]

校注:

1.《僑吳集》未錄此詩,今人校點《鄭元祐集》時錄入"補遺"目錄之內。【杲校記】師子林八景:黃本各詩標題如"師子峯""棲鳳亭"云云,無此總題。

2. 燿(yào):同"耀"。

3. 翽翽(huì):即"翙",鳥飛的樣子。

4. 解續:分合。卷阿:山嶺蜿蜒的樣子。

5. 艤(yǐ)舟:停船靠岸。

6.【杲校記】蒼雪吹涼滿雨蓬:"蓬"作"篷"。

7. 謾道:休說,別說。龍駒:指駿馬,也指白馬。踏殺人:聶夷中《公子行》載,"漢代多豪族,恩深益驕逸。走馬踏殺人,街吏不敢詰"。

8. 成實：暗指马祖道一与法常禅师"梅子熟了"的佛教公案。
9. 嚼碎無留核：指大雪天嚼梅下酒，以明心志。典出苏轼《浣溪沙》词："小槽春酒滴真珠，清香细细嚼梅须。"
10. 渴塵：即渴心生尘，比喻对老朋友的殷切思念之情。典出唐代卢仝的《访含曦上人》诗："辘轳无人井百尺，渴心归去生尘埃。"
11. 趙州：即从谂禅师。【昊校記】反覆禪機老趙州"禪"作"神"。
12. 無枝葉：比喻文字简练，无枝蔓之辞。白居易《有唐善人墓碑》："前后著文凡一百五十二首，皆理义撮要，词无枝叶。"
13. 神鸞：即后魏净土宗师昙鸾，因修行高深，时称"神鸾"。【昊校記】莫着神鸞宿上頭："神"作"祥"。
14. 隨：随。
15. 當：对。
16. 繡衣：华贵的彩绣丝衣，借指朝中贵人。西汉武帝时曾组建绣衣使者，持符节到各地督察，代天子行事。
17. 【按】此八景之跋文在《郑元祐集》中，被置于前《赋师子林长句一篇》诗序的位置，其中，"卻掃"误作"卻歸"；"居亡何"作"居無何"；"為詩歌"作"為詩為歌"；"余"作"予"；文尾有"遂昌鄭元祐"姓名款。

讀遂昌鄭先生師林佳什聊附二章代簡臥雲方丈[1]

吳郡 陳謙【子平】[2]

巍巍天目巖，踞立甚雄猛。秀扶蜿蟺[3]氣，峻壓叢雜礦[4]。
闖然[5]一支來，鎮此空谷冷。淵默抱雷聲，羣鳴為渠哽。

朝行白雲端，暮宿白雲裏。朝暮何所見，窅冥[6]方自此。
虛空無夢覺[7]，機息均臥起[8]。舉世覓雲根[9]，山中蒼石是。

校注：

1. 佳什(shí)：美好的诗歌。《诗经》中的小雅、大雅等诗歌多以十首为一个单元编组,如鹿鸣之什、鸿雁之什、节南山之什等,后来"什"引申代指诗歌。例如,唐许浑《酬钱汝州》诗序:"汝州钱中丞以浑赴郢城,见寄佳什。"代简:代替书简。卧雲方丈:狮子林此间的住持是天如维则禅师,因此,这里的卧云方丈应当并非法号,而是卧云室,以住持所居处之堂名来代指人名。【杲校记】讀遂昌鄭先生師林佳什:作"讀明德先生"云云。

2. 陳謙(1290—1356):字子平,吴郡人,元代文人,以仁孝称于世,善文学。

3. 蜿蟺(wān shàn):蚯蚓,这里指屈曲盘旋的样子。

4. 峻:陡峭。壓:层磊。叢雜:纷乱。礦:石材。"矿"字不合韵,存疑。

5. 闖然:生动活跃的样子。

6. 窅冥:遥远空幽之处。

7. 【杲校记】虛空無夢覺:"虛"當作"慮"。

8. 機息:机心止息,忘机。

9. 雲根:本义是深山云起之处,这里指山石。

夏日過天如禪師竹院,周覽歡甚。師呼茶坐余竹下,因問:"西來意作麽生?"師答曰:"脩竹不受暑。"余嗟嘆而歌詠之不已。遂集杜句以紀師之高蹈發來者之清悟云[1]

吳郡 錢良右【翼之】[2]

東下姑蘇臺[3],驚滿吳楚浪[4]。江山已定居[5],喜無多屋宇[6]。
一邱藏曲折[7],戶牖粲可數[8]。開軒納微涼[9],脩竹不受暑[10]。
贊公釋門老[11],文物多師古[12]。價重百碑碣[13],榮貴如糞土[14]。
端居茗續煎[15],香美勝牛乳[16]。隱几亦無心[17],敢為故林主[18]。
今我一賤老[19],衰謝身何補[20]。瀟灑共安禪[21],沈思情延佇[22]。
出門復入門[23],天欲今朝雨[24]。庶足充淹留[25],夜闌接軟語[26]。

校注：

1. 此诗全文皆为摘录杜甫不同五言诗中的诗句组成。西來意作麼生：达摩佛祖为何从西方而来？这并非一句需要获得实际答案的问话，是发问的起首语。禅师解惑时通常会用一句貌似毫无关联的回答，来终止问话者的妄念。在这里，天如维则禅师以杜甫诗句"脩竹不受暑"，来回应钱良右的发问。本义是高而劲秀的竹子不受暑热的困扰，比喻一种超脱的状态。杜句：杜甫的诗句。清悟：清醒觉悟。【杲校记】發來者之清悟："發"上有"以"字。

2. 錢良右（1278—1344）：方志中又作"良佑"，字翼之，号江村民，苏州人。元代诸生，书法家。

3. 東下姑蘇臺：杜甫诗《壮游》有句"东下姑苏台，已具浮海航"。

4. 驚滿吳楚浪：行间以小字修改为"惊浪满吴楚"。杜甫诗《雨二首》有句"惊浪满吴楚，挂帆远色外"。

5. 江山已定居：杜甫诗《过客相寻》有句"穷老真无事，江山已定居"。

6. 喜無多屋宇：杜甫诗《茅堂检校收稻二首》有句"喜无多屋宇，幸不碍云山"。

7. 一邱藏曲折：杜甫诗《早起》有句"一邱藏曲折，缓步有跻攀"。

8. 戶牖粱可數：杜甫诗《法镜寺》有句"朱甍半光炯，户牖粱可数"。

9. 開軒納微涼：杜甫诗《夏夜叹》有句"仲夏苦夜短，开轩纳微凉"。

10. 脩竹不受暑：杜甫诗《陪李北海宴历下亭》有句"修竹不受暑，交流空涌波"。

11. 贊公釋門老：杜甫诗《别赞上人》有句"赞公释门老，放逐来上国"。《文粹》中误作"賛老释门子"。

12. 文物多師古：杜甫诗《行次昭陵》有句"文物多师古，朝廷半老儒"。

13. 價重百硨磲（chē qú）：杜甫诗《谒文公上方》有句"金篦刮眼膜，价重百车渠"。"渠"又作"磲"。硨磲，软体动物，生活在热带海底。

14. 榮貴如糞土：杜甫诗《贻阮隐居昉》有句"足明箕颍客，荣贵如粪土"。

15. 端居茗續煎：杜甫诗《回棹》有句"强饭莼添滑，端居茗续煎"。

16. 香美勝牛乳：杜甫诗《太平寺泉眼》有句"取供十方僧，香美胜牛乳"。

17. 隱几亦無心：杜甫诗《秋日闲居》有句"泄云高不去,隐几亦无心"。
18. 敢為故林主：杜甫诗《四松》有句"敢为故林主,黎庶犹未康"。
19. 今我一賤老：杜甫诗《太子张舍人遗织成褥段》有句"今我一贱老,裋褐更天营"。
20. 衰謝身何補：杜甫诗《柳司马至》有句"衰谢身何补,萧条病转婴"。
21. 瀟灑共安禪：杜甫诗《陪四使君登惠义寺》有句"谁能解金印,潇洒共安禅"。
22. 沈思情延佇：杜甫诗《雨二首》有句"佳客适万里,沈思情延伫"。沈,即"沉"。
23. 出門復入門：杜甫诗《九日寄岑参》有句"出门复入门,两脚但如旧"。
24. 天欲今朝雨：杜甫诗《上白帝城二首》有句"天欲今朝雨,山归万古春"。
25. 庶足充淹留：杜甫诗《夏日李公见访》有句"水花晚色静,庶足充淹留"。
26. 夜闌(lán)接軟語：杜甫诗《赠蜀僧闾丘师兄》有句"而无车马喧,夜阑接软语"。夜阑,夜深。

師林八景八章章四句

華陰 楊鑄【季于】[1]

猊峯露爪牙,遙瞻如返躑。山中白額虎,夜雪無行跡。[2]
亭亭深竹裏,巢鳳壓枝低。山童欲揮去,為恐是雞栖。[3]
澗底列蒼玉,時聞風雨聲。小虹不飛去,橫截半空晴。[4]
瓊樹當西閣,天青飄素霞。為問麗公去,今開幾度花。[5]
去衲露玄機,非言亦非默。西來意若何,笑指庭前栢。[6]
清池浸寒玉,一鑑窅沈沈[7]。不照世人影,偏照世人心。[8]
門外雪三尺,滿堂立佳客。寧容碧眼胡,默坐面空壁。[9]

分得雲半間,長年共雲臥。莫遣天書來,驚他清夢破。[10]

校注:

1. 楊鑄:字季子,元末文人,至正年间入士。【按】其兄为杨镒,《御选元诗》中自注杨镒籍里为南昌进贤人,其他文献中也有多处记录杨铸为豫章人,可知此处"华阴"并非籍贯,而是杨姓的堂号,又作"弘农杨氏",民间有"天下杨姓出华阴"之说。
2. 【按】此章所写为狮子峰。
3. 【按】此章所写为栖凤亭。
4. 【按】此章所写为小飞虹。
5. 【按】此章所写为问梅阁。龐公:庞德公,东汉携妻子避世于荆州鹿门山的隐士。
6. 【按】此章所写为指柏轩。
7. 窅(yǎo)沈沈:水很深的样子。窅,深远。
8. 【按】此章所写为玉鉴池。
9. 【按】此章所写为立雪堂。碧眼胡:即碧眼胡儿,指西北方少数民族,后世多指外国人。唐《寒山诗集》:"掘得一宝藏,纯是水精珠。大有碧眼胡,密拟买将去。"
10. 【按】此章所写为卧云室。

師子林即景十四首

釋維則【天如】

鳥啼花落屋西東,柏子煙青芋火[1]紅。
人道我居城市裏,我疑身在萬山中。

萬竿綠玉遶禪房,頭角森森笋稚長。
坐起自攜[2]藤七尺,穿林絡繹似巡堂[3]。

素壁光搖眼倍明，隔林風樹弄新晴。
樹根蛙[4]鼓鳴殘雨，恍惚南山水落聲。[5]

指柏軒中六七僧，坐忘忽怪異香生。
推窗日色暖如火，蒼蔔[6]花開雪一棚。

相君來扣少林宗，官從盈門隘不通。
散人[7]鳳亭竹深處，石林分坐繞飛虹，

半簷落日曬[8]寒衣，一鉢香羹野蕨肥。
春雨春煙二三子，水西原上種松歸。

烏鵲爭巢似憤兵[9]，怒鳴死鬬亂縱橫。
可憐踏壞杪欏樹[10]，滿地落花無路行。

道人肩水灌畦蔬，托鉢[11]船歸粟有餘。
飽飯禪和[12]無一事，遶池分食餒[13]游魚。

臥雲室冷睡魔[14]醒，殘漏聲聲促五更。
一夢又如過一世，東方日出是來生。

西鄰母鶴唳無休，鶴意吾知為主憂。
養得鶴成騎鶴去，揚州未必勝蘇州。[15]

竈兒深夜誦蓮花[16]，月度墻西檜影斜。
經罷轆轤聲忽動，汲泉自試雨前茶。

林下禪關[17]盡日開，放人來看臥龍梅。

山童莫厭門庭鬧,不是愛閒人不來。

斜梅勢壓石闌干,花似垂頭照影看。
白晝同雲[18]天欲雪,半池星斗逼人寒。

雪深三尺閉柴荆[19],歲晚無心打葛藤[20]。
立雪堂前人不見,透[21]雲峰似白頭僧。

校注:

1. 芋火:煨芋之火。《宋高僧傳》載,唐代衡岳寺僧明瓚性懶食殘,號懶殘。李泌嘗讀書寺中,異其所為,深夜往謁,懶殘撥火取芋以啗之。曰:"慎勿多言,領取十年宰相。"后泌顯達,封為鄴侯。

2. 攜(xié):拄着(藤杖)。

3. 穿:《文粹》作"巡"。巡堂:這裡指主持巡視僧堂。

4. 蛙:《文粹》作"瓦"。

5. 落:《文粹》作"乐"。【杲校記】樹根蛙鼓鳴殘雨,恍惚南山水落聲:"蛙"作"瓦",瓦鼓,猶今瓦鼓墩也。"落"作"樂",今西湖南山有水樂洞。

6. 蒼蔔:佛經中記載的一種六瓣、色黃、香濃、樹身高大的花,當作"蒼蔔"(zhān bǔ),梵語,也有音譯為瞻卜伽、旃波迦、瞻波、蒼卜等,有人認為就是郁金花,也有人認為就是栀子花。

7. 散人:《文粹》中"人"作"入"。

8. 曬(shài):晒。

9. 憤兵:憤怒的士兵。【杲校記】烏鵲爭巢:"烏"作"鴉",徐幼文圖錄此詩作"野"。

10. 桫欏(suō luó)樹:別名蛇木,是桫椤科、桫椤屬蕨類植物,常生于林下或溪边陰地。

11. 托缽:手托缽盂,這裡指化緣。

12. 禪和:即"禪和子",參禪之人。

13. 餧(wèi):同"喂"。

14. 睡魔:被濃重睡意困擾的人。

15. 養得鶴成騎鶴去,揚州未必勝蘇州:宋晁補之《定風流》詞中,有"跨鹤扬州一梦回"之句。

16. 寬兒:烧火的小僧。莲花:即《妙法莲华经》,简称《法华经》。

17. 禪關:这里指寺园之大门。

18. 同雲:《文粹》中"同"作"阴"。【杲校记】白晝同雲:一本作"彤雲",黄本作"雲陰"。

19. 柴荆:即柴门。

20. 打葛藤:佛教语,即破除纷乱纠缠而直截顿悟的参禅方式。葛藤,比喻纠缠不清、难以直截了当的状态。

21. 透:《文粹》中"透"作"秀"。

師子林紀勝集卷下

明住山釋道恂重編
元和徐立方校

師子林圖序

朱德潤[1]

泰定中,僕自京師還吳中。適侍郎御史岳叔木公、郡守道童公會於城南[2],詢僕以歸來意。僕告之以將歸林泉,以遂息肩[3]。二公曰:"子有退休志,盍求侶乎?近城東偏,有天如則師者,舊游松江九峯間,振錫來吳,結屋樹竹,號師子林。其為學也真實謹密、平淡無為,子盍與之言乎[4]?"僕於是謁師。師喜曰:"先生來何晚耶?相聞舊矣。"遂欸淨室[5],蒲團茶具,接引清話[6]。薄扣其旨,則問辯明敏,了無滯礙。余益信岳道二公之言為然。他日,出其所撰《語錄》《別錄》。余讀之,歎曰:"師真所謂有識有言[7]者耶。"因觀其林木蔽翳,蒼石巉立[8]。所謂師子峯者,突然乎其中。乃諗諸[9]師曰:"昔《達磨[10]傳》言:法中龍象。《智度諭解》曰:水中龍力大[11],陸行中象力大。茲林曰師子,豈非以其威猛可以攝伏羣邪者乎[12]?"師曰:"非也。石形偶似,非假攝[13]伏而為。若以威相,則文殊固有精進勇猛之喻矣。"[14]僕又曰:"昔人言作師子吼,得非以其聲容可以破諸障乎?"師曰:"非也,以聲容則無此聲容也,其有不言而喻者乎?"僕曰:"不言而喻,余知之矣。不言而喻,其惟師乎?噫!世道紛嚚,不以形色則不能攝諸敬信。而吾師以師子名其林者,姑以遇世紛[15]而自得於不言者乎?矧[16]師之真實可以破諸妄,平淡可以消諸欲。若以靜默不二,則雖有形有聲,猶不能悖況[17]乎?無聲無形而托諸狻猊以警羣動者乎?雖然,觀於林者,雖師石異質,一念在師,石皆師也;一念在石,師亦石也。然不若師石兩忘者乎[18]?"師曰:"唯唯,余識之久矣,不能寄諸筆墨也。"師既示寂,其徒卓峰立師[19],克嗣其學,與余交,請為圖之,且叙其說於左。

至正癸卯睢陽朱德潤序。[20]

校注:

1. 朱德潤(1294—1365),河南商丘人。字澤民,号睢陽山人,又号岂(shí)杰。元代著名画家、诗人。曾任国史院编修、镇东行中书省儒学提举等职。

2. 適:恰好。岳叔木、道童,前文有注。

3. 息肩:卸下担子以休息,这里指做仕退休。

4. 盍與之言乎:盍,为何,为什么不。《文粹》中"乎"作"也"。

5. 欸(kuǎn):同"款",接待。淨室:清静、干净的屋子,多指僧侣所居之屋。

6. 接引:本义是引进,接待。这里指佛教引导开悟信众。清話:高雅不俗的言谈。

7. 有言:《文粹》中无"有言"二字。

8. 巉(chán)立:陡峭耸立。

9. 諗(shěn)諸:告诉。諸,合音词,之于。

10. 達磨:【按】"磨"当作"摩"。

11. 智度論:又作《大智度论》,为《摩诃般若波罗蜜经》的释经论。《文粹》中"論"作"论"。智,智慧。度,测度。【杲校记】水中龍力大:"水"下當有"行"字。

12. 攝伏羣邪者乎:《文粹》中作"懾伏而為名也"。【杲校记】攝伏羣邪:"攝"作"懾"下同。

13. 攝:《文粹》中作"懾"。【杲校记】非假攝伏而為:"為"下當有"也"字。

14. 師曰:《文粹》中无"師曰"至"而為"14字,"若以"至"喻矣"16字与前文续接,皆为朱德润的话。

15. 遇:《文粹》中作"遏"。【杲校记】姑以遇世紛:"遇"當作"遏"。

16. 矧(shěn)：连词，况且。
17. 悸况：【按】当作"悸怳"或"怳悸"，受到惊吓而慌张的样子。
18. 乎：《文粹》作"耶"。
19. 卓峰立师：即讵可庭，卓峰上人。
20. 至正癸卯睢陽朱德潤序：《文粹》作"至正二十三年歲在癸卯重陽日，老睢陽山人朱德潤謹序"。【吴校记】至正癸卯睢陽：黃本作"至正二十三年，歲在癸卯，重陽日，老睢陽山人"。

師子林十二詠序

高　啟

　　師子林，吳城東蘭若也。其規制特小，而號為幽勝。清池流其前，崇邱峙其後，怪石嶻嶭而羅立[1]，美竹陰森而交翳。閒軒淨室，可息可游，至者皆栖遲忘歸，如在巖谷，不知去塵境之密邇也[2]。好事者取其勝槩[3]十二，賦詩詠之，名人韻士屬有[4]繼作，住山因公裒為卷帙[5]，冠以睢陽朱澤民舊所繪圖，而請余序焉。

　　夫吳之佛廬最盛，叢林招提據城郭之要坊、山水之靈壤者[6]，數十百區。靈臺傑閣[7]，甍棟相摩[8]，而鐘梵之音相聞也，其宏壯嚴麗豈師子林可擬哉[9]？然兵燹[10]之餘，皆委廢於蓁蕪[11]，扃閉[12]於風雨，過者為之躊躇而悽愴。而師子林泉益清，竹益茂，屋宇益完，人之來游而紀詠者益眾，夫豈偶然哉？蓋創以天如則公願力之深，繼以卓峯立公承守之謹，迨今因公以高昌宦族棄膏粱而就空寂[13]，又能保持而脩舉之，故經變而不墜[14]也。由是觀之，則凡天下之事雖廢興有時，亦豈不係於人哉？

　　余久為世驅[15]，身心攫擾攘[16]，莫知所以自釋[17]。間訪因公於林下，周覽邱池[18]，復取[19]十二詠者，諷之覺脫然有得，如病暍[20]人入清涼之境，頓失所苦。廼知[21]清泉白石悉解談禪，細語粗言皆堪入悟。因公所以葺理之勤而集錄之備²²者,蓋為是也。不然,則飾耳目之觀,賞詞華之美,皆虛幻事,豈學道者所取哉?是則來游而有得者,固不得不詠,因公²³亦不得不編,既編則余又不得而不也²⁴。

洪武五年秋七月,渤海高啟²⁵序。

十二詠姓氏:高啟季廸、張適子宜²⁶、王行止仲²⁷、謝徽玄懿²⁸、中屠衡仲權²⁹、張簡仲簡³⁰、陶琛彥行³¹、釋道衍斯道³²。

校注:

1. 嶇峷(qiú zú):又作"嶇崒",山石高峻。羅立:環列聳立。
2. 塵境:佛教以色、声、香、味、触、法为六尘,所以称现实世界为"尘境"。密邇:接近。
3. 勝槩:胜景。
4. 屬有:连续有。
5. 住山因公裒為卷帙:因公,元明间僧人,法号如海,苏州狮子林第三代住持。王彝《狮子林记》:"因师者,余故人也止余宿问梅阁。"又有《狮子林十四咏》跋文:"师字如海,高昌人,有禅学,又能喜文辞。"裒(póu):聚集。卷帙:《兔藻集》中无"帙"字。
6. 山水之靈壤:《兔藻集》中"山"字前有"占"字。【杲校记】山水之靈壤者:"山水"上當有"占"字。
7. 靈臺:本义是周文王的宫苑,这里指盛大的台基。傑閣:高大的楼阁。【杲校记】靈臺傑閣:"靈"黃本作"穹"。《兔藻集》作"靈"。
8. 甍(méng)棟相摩:房屋密集的样子。甍棟,房梁。
9. 其宏壯嚴麗豈師子林可擬哉:这些佛寺建筑高大宏伟、庄严壮丽,岂是狮子林可以与之媲美的。可擬,比拟、媲美。《兔藻集》中"擬"误作"儗"。
10. 燹(xiǎn):野火。这里指战争。
11. 蓁蕪:荒芜,杂草丛生的样子。【杲校记】蓁蕪:"蓁"作"榛",集同。
12. 扃(jiōng)閉:关门。扃,从外面关门的门栓、搭钩等。
13. 棄膏粱而就空寂:抛弃优裕的生活而走向清寂的佛门。
14. 經變而不墜:经历战乱和易代而没有毁废。
15. 為世驅:为世事所驱使,这里指受诏出仕。

54

16. 身心攫(jué)攘(rǎng)：【按】《凫藻集》中无"扰"字。攫攘：争夺、冲突，这里指身不由己、行不由心。【杲校记】身心攫攘攘："攘"字为衍文，黄本及《集》并無。

17. 自释：自我解脱烦扰。

18. 邱池：《凫藻集》中"池"作"麓"。【杲校记】周览邱池：《集》作"邱麓"。

19. 取：《文粹》及《凫藻集》中"取"皆作"以"。

20. 病暍(yē)：中暑。

21. 廼(nǎi)知：乃知，才知道。

22. 俻(bèi)：同"备"，完整。

23. 因公：《凫藻集》中"因"误作"困"。

24. 不得而不也：《文粹》及《凫藻集》中皆作"不得不序也"。【按】此处当有"序"字。【杲校记】不得不咏，不得不编：黄本"不咏""不编"上并有"而"字，《集》無。

25. 高啟(1336—1373)：长洲(今江苏苏州)人，字季迪，号槎轩，又号青丘子，元末明初著名诗人，文学家。与刘基、宋濂并称"明初三大家"，又与杨基、张羽、徐贲一起被誉为"吴中四杰"，与王行等人并称"北郭十友"。明洪武初授翰林院国史编修官，受命教授诸王。后因知府魏观翻修郡治，高启作《郡治上梁文》而陷于文字狱，被腰斩处死。渤海：即渤海堂。高氏得姓于齐地，东汉时高氏后裔高洪任渤海郡守，遂以"渤海"建高氏堂号。

26. 張適：字子宜，长洲(今江苏苏州)人，元末明初文人，明洪武初年以秀才召擢水部郎中。

27. 王行：字止仲，吴县(今江苏苏州)人，元末明初文人，擅长诗文，博闻强识，兼通韬略，与高启等并称"北郭十友"。明洪武初年受荐任府学训导，后赴金陵，为蓝玉幕僚，受蓝案牵连坐死。

28. 謝徽：字玄懿，后世文献中因避讳又作元懿，长洲人。元末明初文人，明洪武初年应召修元史，后授翰林国史院编修官，兼教功臣弟子，擢吏部郎中。

29. 中屠衡：【按】"中"当作"申"。申屠衡：字仲权，自号树屋傭，长洲人。元末明初文人，明洪武三年(1370)诏受翰林修撰，后以病免。

30. 張簡：字仲简，苏州人。元末明初文人，道士，精通儒学，擅长诗文。

31. 陶琛：字彦行，又作彦珩，长洲人。元末明初文人，擅长书法，尤工篆书。

32. 釋道衍：姚广孝（1335—1418），长洲人，曾入释门，僧名道衍，字斯道。姚广孝曾居苏州相城妙智庵，师从相城灵应观道士席应真学习文武韬略。明洪武年间受荐选侍为燕王朱棣幕僚，后燕王靖难事成，推姚广孝功劳第一，加封太子少师，死后赠谥号荣国公。姚与高启、王宾、杨孟载为好友。

師子林十二詠[1]

高啟 等

師子峯

風生百獸低，欲吼空山夜。疑是天目巖，飛來此林下【啟】。
勢雄欺百獸，危坐學僧趺。縱有山相應，獼猴不敢呼【適】。
獮面獸中尊，奇峯比最真。祇堪負蓮座，穩載法王身【行】。
特立眾峰表，巋然象教同。山深虎豹伏，未敢與爭雄【徽】。
勢雄石狻猊，飛來自天竺。旁睨羣小峰，盡作虎豹伏【衡】。
石髮亂金毛，嶙峋舞林數。若以聲相求，頑礦[2]亦能吼【簡】。
猛恃勢何雄，孤蹲脊還瘦。遠人悟性時，疑聞月中吼【琛】。
踞地似揚威，昂霄[3]渾欲吼。猛虎見還猜，妖狐寧敢走【衍】。

校注：

1.【按】十二咏依序分别是：《狮子峰》《含晖峰》《吐月峰》《小飞虹》《禅窝》《竹谷》《立雪堂》《卧云室》《指柏轩》《问梅阁》《玉鉴池》《冰壶井》。写作此十二诗咏的八个人，依序分别是高启、张适、王行、谢徽、申屠衡、张简、陶琛、道衍，后面每组诗歌作者顺序不变。

2. 頑礦：坚硬的石头。

3. 昂霄：昂头对着天空。

含暉峰[1]

演漾弄清暉,江山秋斂霏。我吟康樂句,日莫淡忘歸[2]。
特起雲成朵,高明玉有輝。奇峯[3]映初旭,霽色舞蘿衣[4]。
西曛夕尚明,東旭朝先赤。為比眾峯高,光景常多得。
禪境妙自入,危峯秀獨成。山光與水色,日夕有餘清。
前生佛圖澄,石身立不壞。至今腹旁孔[5],將曉出光怪。
朝旭射峯頂,嵌空結霞光。石角露初泫[6],草木皆生香。
近晨含景光,初日射林莽。玩之淡娛人,不異西山爽。
林端斂夕霏,泉石閟清景。淡然[7]娛人心,相看忘日永。

校注:

1. 含暉峰:王行《半軒集》中"峰"作"嶺"。
2. 日莫淡忘歸:"莫"通"暮"。高启《大全集》中"淡"作"澹"。澹(dàn),安静。【呆校記】日暮澹忘歸:"澹",《青邱詩集》作"憺"。憺(dàn),安定、泰然。
3. 奇峯:《文粹》及张适《乐圃集》中"峰"皆作"岑"。
4. 蘿衣:《文粹》及张适《乐圃集》中"蘿"皆作"羅"。
5. 腹旁孔:含暉峰石上有孔窍。
6. 初泫:朝露成滴的样子。
7. 淡然:道衍《逃虛子集》中作"景澹"。

吐月峰

四更棲烏驚[1],山白初上月。起開東閣看,正在雲峯闕[2]。
石勢鬱崛嶔[3],苔花碧更深。峯頭明月起,清風逼叢林[4]。
昨吐月不闕[5],今吐遽非圓。圓缺看多少,孤峯只宛然。
山中學佛人,見月即長拜。還將一片影,散入大千界。
亭亭青芙蓉,搖漾金波影。林下定僧居,靜聞栖雅警[6]。
半夜月初出,巖光互吞吐。疑是玉蟾蜍,起立作人舞。
明月出峯頂,秋清夜方半。娟娟玉桂枝,影與芙蓉亂。
空山無宿雲,月起[7]當殘夜。漸出一峯間[8],分光到林下。

校注：

1.【杲校记】四更棲烏驚："烏"黃本作"鳥"，《青邱詩集》同。

2. 闕：高啟《大全集》中作"缺"。【杲校记】正在雲峯闕："闕"作"缺"，下同。

3. 嶮(xiǎn)：张适《乐圃集》中作"嶔"。嶮，形容山势险峻。嶔(qīn)，形容山高。【杲校记】石勢鬱嶇嶮："嶮"當作"嶔"。

4.【杲校记】清風逼叢林："風"作"氣"。

5. 闕：《文粹》中作"缺"。

6.【杲校记】靜聞栖雅警："雅"作"鵲"。

7. 月起：道衍《逃虚子集》中作"月夜"。

8. 一峯間：道衍《逃虚子集》中作"一峰間"。

小飛虹

初看臥波影，應恐雨崇朝[1]。過澗尋師去，端如渡石橋[2]。
飛石跨西東，分明小斷虹。林間[3]初雨過，花落亂流中。
古澗瀉寒清，飛梁壓水平。夕陽疎雨過，留得彩蜺[4]橫。
飛梁跨通渚，虹影未全消。誰識曹溪[5]後，千年有斷橋。
渴虹飲不足，連蜷漸僵縮。我來躡其背，下瞰無底谷。
渴虹春飲澗，噓氣作飛梁。中有天台路，空巖流水香。
渴飲垂虹澗[6]，雲斷橫波景。背滑一朝霜，經過履須整[7]。
不雨自橫空，低垂疑飲澗。樵子過還驚，神僧渡[8]應慣。

校注：

1. 崇朝：終朝，整天。崇，通"終"。

2.【杲校记】端如渡石橋："如"《集》作"知"，"渡"《集》作"度"。

3. 林間：张适《乐圃集》中作"竹間"。

4. 彩蜺：王行《半轩集》中作"彩虹"。

5. 曹溪：禅宗六祖慧能曾在曹溪宝林寺演法，古南宗别号曹溪。

6.【杲校记】渴飲垂虹澗："虹"作"綠"。

7.【杲校记】經過履須整："履"作"屐"。

8. 渡:道衍《逃虛子集》中作"度"。

禪　窩

結茆葺牀趺¹,風雨不可壞。誰言尋丈寬,能容大千界²。
虛空本無所,學道有栖場。面壁知何事,山雲其一牀。
茆龕孤坐處,為究上乘禪。彈指應堪悟,何須更九年³。
陰壑寒獨⁴闃,空山響已沈。白雲無路入,禪向定中深。
九年不下牀,一錫長挂壁。小蛇入我袖⁵,應被雷公擊。
草窩雙樹下,借與定僧居。會得虛空境,坐臥總從渠⁶。
菁茆葺成宇,白雲擁為戶。是中有定僧,默坐自朝暮。
扃鐍⁷總忘機,魔外⁸自難入。虛圓日夜明,一塵元不立。

校注:

1. 結茆(máo):即結茅,建造茅草屋。【杲校記】結茅葺牀趺:"葺"作"蔭",《青邱詩集》同。牀趺(fū):坐床。

2.【按】高啟《大全集》中無此首《禪窩》詩,最後一首為《大石屋》。詩文為:"混沌復輪囷,全無斧鑿紋。門臨五湖水,坐納四山雲。"

3.【按】王行《半軒集》所錄"師林十二咏"組詩中的《禪窩》,詩文與此不同。其詩為:"咫尺栖身地,寬如選佛場。須知九千界,元不離禪床。"

4. 獨:原文在行間以小字更改為"猶"。

5. 小蛇入我袖:唐高僧圓覺禪師以袖藏小蛇(小龍),以免遭天譴(雷擊)的故事。事見《五燈會元》卷6。

6. 坐臥總從渠:即"萬事從渠",順勢隨緣的意思。

7. 扃鐍(jiōng jué):門栓鎖鑰,引申為閉門。

8. 魔外:邪魔外道。

竹谷【舊名棲鳳亭】

翠雨落經牀,林鳩午鳴後。筍出恐人來,編籬遮谷口。
萬箇竹脩脩[1],風生滿谷秋。自今防俗客,節下刻曾游。
深谷翳脩篁,蒼飈[2]洒碧霜。曾來[3]參玉版,風味勝篔簹[4]。
虛谷萬琅玕,禪林六月寒。直將心與節,共作有無看。
陰森生晝寒,仰不覩[5]天日。時從綠雲中,窺見一星出。
何處風聲起,蕭騷[6]竹萬竿。冲融[7]春滿谷,毛髮亦生寒。
綠霧濕濛濛,紛披路不通。秋聲昨夜來[8],無處着西風。
萬竹雲朝合,孤亭月夜明。鳳來緣覽德,非[9]為玉簫聲。

校注:

1. 脩(xiū)脩:张适《乐圃集》中作"脩脩"。长、高。【杲校记】萬箇竹脩脩:作"脩脩"。

2. 蒼飈(biāo):清风。飈,暴风。

3. 曾來:王行《半轩集》中作"忆曾"。

4. 篔簹(yún dāng):皮薄、节长而竿高的竹子。勝:《半轩集》中作"似"。

5. 覩:同"睹"。

6. 蕭騷:风吹树叶、竹叶等发出的声音。

7. 冲融:冲和恬淡的样子。

8. 【杲校记】秋聲昨夜來:作"秋聲夜來起"。

9. 非:《文粹》中"非"作"不"。

立雪堂

堂前參未退,立到雪深時。一夜山中冷,無人祇[1]自知。
堂上立多時,堂前雪不知。出門天地白,一笑是[2]春熙。
獨坐暮庭中,齊腰雪幾重。不因逢酷冷,那解識嚴冬。
山中夜訪師,雪屋定同遲。立盡堂前曉,還同未雪時。
心精不知寒,一夜雪沒膝。自非真法器,孰能免僵立[3]。

本來非祖意,漫爾一相撩[4]。若在言前悟,應無雪没腰。
升堂獨立時,一言悟未澈[5]。皓皓雪齊腰,淒淒夜寒切。
兀坐夜迢迢[6],松堂篆靄[7]銷。安心了無法,徒受雪齊腰。

校注:

1. 祇(zhī):只。高启《大全集》中"祇"作"祇(zhī)"。

2. 是:张适《乐圃集》中"是"作"似"。

3. 【杲校记】孰能免僵立:"立"作"踣(bó)"。踣,跌倒。

4. 一相撩:被一名相遮蔽而缭乱。一相:佛教语,唯一真相,一真法界之相。

5. 澈:《文粹》中"澈"作"徹"。

6. 兀坐:道衍《逃虚子集》中"坐"作"立"。兀,笔直地、直楞楞地。【杲校记】兀坐夜迢迢:按钱叔宝临师子林图録此诗作"兀立"。

7. 篆靄:盘香的烟雾。

臥雲室

夕臥白雲合,朝起白雲開。惟有心長在,不隨雲去來。
榻前輕冉冉,衾上濕溟溟。共作無心夢,山禽喚不醒。
入窗纔一縷,滿室便氤然。任彼[1]頻舒卷,山僧自穩眠。
朝臥白雲東,暮臥白雲西。白雲長共我,此地結幽栖。
童子愛白雲,閉置密室內。不如放令出,去住得自在。
虛室常參罷,身與白雲閒。且作舒足臥,風來自掩關。
白雲從何來,入我窗戶裏。舒足臥氤氳,春禽呼不起。
夜靜起山深,隨風舒片影。漠漠覆柴牀,獨臥衣裳冷。

校注:

1. 彼:王行《半轩集》中"彼"作"使"。

指柏軒[1]

清陰護燕几[2],中有忘言客。人來問不應[3],笑指庭前柏。
亭亭軒下柏,無意解西來。老衲應相示,枯枝花盡開[4]。
古柏晝陰陰,當軒歲月深。山僧長[5]笑指,應解識禪心。
太空本無語,似與道人同。欲識西來意,憑闌指顧[6]中。
冰霜二百年,老骨耐撐住[7]。欲知僧臘高,即是階前樹。
有問無言荅,直指破諸妄。此柏佛性全[8],天寒神自王[9]。
青青柏樹枝,纍纍柏樹子。此意已自知,何待分明指。
蒼蒼庭前柏,明明西來意。禪翁指示人,又在第二義。

校注:

1. 【杲校記】指柏軒:黃本在《問梅閣》後。
2. 護:蔭蔽。燕几:用以靠着休息的小桌子。
3. 【杲校記】人來問不應:"應"作"膺",集作"應"。
4. 盡開:張适《乐圃集》中"盡"誤作"畫"。
5. 長:王行《半軒集》中"長"作"常"。
6. 指顧:手指目視,指點顧盼。
7. 撐(chēng):同"撐"。【杲校記】老骨耐撐住:"住"作"拄"。
8. 【杲校記】此柏佛性全:作"此柏具佛性"。
9. 【杲校記】天寒神自王:"自"作"獨"。

問梅閣

問春何處來,春來還幾許[1]。月墮花不言,幽禽自相語。
陽回知幾許[2],問信臘花[3]前。月白無言荅,如叅不二禪。
閣中人獨坐,閣外已梅開。春信何須問,清香自報來。
月移禪榻影,枝上翠禽翻。試問春多少,花應笑不言。
石闌護苔枝,相對黃昏月。問答本無言,翠禽強饒舌[4]。
春從何處去,復從何處來。持此去來意,一問閣前梅。
梅邊叩芳訊,相看似舊識。獨立到黃昏,惟應待消息。
雪中疎莚[5]開,不知暗香發。幽人試問時,正值[6]黃昏月。

校注:

1. 幾許:高启《大全集》中"幾許"作"何許"。

2. 幾許:张适《乐圃集》中"许"误作"汻"。

3. 臘花:腊月开的花,这里指梅花。

4. 饒舌:多嘴多舌。

5. 疎蕋(ruǐ):"蕋"同"蕊"。疎蕊,指早梅稀疏绽放的样子。道衍《逃虚子集》中误作"疎築"。

6. 正值:道衍《逃虚子集》中"正"误作"政"。

玉鑑池

一鏡寒光定,微風吹不波。更除荷芰影[1],放取月明多。
鑿池松竹裏,不與野泉通。風靜[2]游魚息,青天落鏡中。
方池開玉鑑,烱烱[3]湛虛明。瘦影何煩照,心源已共清[4]。
月來似禪性,風定似禪心。數尺方池水,應同覺海深。
天光落空明,上下涵一鏡。微波時動搖,風止當自定。
何方僧卓錫[5],池上玉泉走。不有止定功,安能見吾後。
徵波色清熒[6],烱然可照膽。幸得同虛明[7],寧霤一塵[8]黷。
非假琢磨功,泓澄似鑑同。朝來蓮葉盡[9],波動覺秋風[10]。

校注:

1.【昊校記】更除荷芰影:"影"作"葉",《集》作"影"。

2. 靜:张适《乐圃集》中"靜"作"定"。

3. 烱烱(jiǒng):明亮的样子。

4. 何:王行《半轩集》中作"休"。心源:王行《半轩集》中作"心凉"。

5. 卓錫:僧人居留为卓锡。卓,植立。錫,锡杖。

6.【昊校記】徵波色清熒:"徵"作"微"。

7. 虛明:本义为清澈明亮,这里指内心清虚纯洁。

8. 一塵:微小如尘,道家认为一尘即世界。

9. 盡:道衍《逃虚子集》中"盡"作"静"。

10.【昊校記】波動覺秋風:按徐幼文畫圖錄此詩"秋"作"生"。

冰壺井

圓甃[1]夏生冰,光涵數星冷。窗有定中僧,休牽轆轤緪[2]。
銀牀[3]梧影合,玉甃蘚花侵。汲得冰壺水,相如渴[4]正深。
一泓澄碧甃,寒沁玉壺清。裹茗曾茲試,虛聞石井名。
銀牀一葉下,影動轆轤秋。欲識定中趣,湛然塵不留。
冰花覆銀牀,雲液沁瑤甃。一勺甘露漿,入口不能[5]漱。
古井一杯水,清似玉壺冰。轆轤轉脩緪[6],應來盥頮[7]僧。
玉泉百尺深,古甃涵光冷。何以鑑虛明,參差轆轤影。
疎[8]鑿傍雲根,虛寒深百尺[9]。時汲煮春芽,為待參玄客。

校注：

1. 圓甃(zhòu)：指磚砌築的圓形井欄。甃,以磚砌築。
2. 轆轤：即轆轤。緪：繩索。
3. 銀牀：轆轤架。南朝庾肩吾(487—551)《九日侍宴樂遊苑應令》："玉醴吹岩菊,銀床落井桐。"
4. 相如渴：《史記·司馬相如列傳》中載,司馬相如(約前179—前118)患有消渴疾。後世以"相如渴"來指代患消渴病。
5. 能：行間以小字自注修改為"敢"。
6. 脩緪：長長的汲水繩。
7. 頮(huì)：洗臉。
8. 疎：行間以小字自注修改為"疏"。
9. 尺：道衍《逃虛子集》誤作"及"。

游師子林記

王彝[1]

　　蘇城之東北區,有林若干畝,佛者居之,曰師子。師子者,林之一峯,如其形,故名。而其地特隆然,以起為邱焉,雜植竹樹邱之北窪然[2]，以下為谷焉，皆植竹，多至數十萬本。始升其邱之南麓，便仰見師子峯，高僅有若干尺[3]，如舞且踞。兩旁復各有峯亞匹之[4]，東曰含暉，作人立。左腋下有穴，一腹枵然[5]。有四穴，日始出，則其暉晻曖[6]相射。西曰吐月，頗峭且銳，稍夕，月即見其上。師子之北有芠[7]，一曰[8]禪窩。含輝之東有隙地踰尋[9]，氊[10]以石子為環坐者所藉，曰繙[11]經臺。旁有峯特出[12]，曰立玉，然其狀嵌空，若刀劍劃作四五葉者，或曰以地肺[13]名為宜。吐月之西有澗，自竹谷中來，因駕石[14]為梁，曰飛虹。踰飛虹以西而下其西麓，乃北入竹谷中，委蛇[15]東來，折以南。出立玉後而上其東麓，復折而南且西，出師子前而下其南麓。凡邱之顛踵[16]，自三四峯外，諸小峯又十數計，且叢列怪石什伯為羣，而所取道往往經緯其間。既下南麓有二道，其循麓而東者，至立雪堂，堂之南為臥雲室[17]，又南為指柏軒。其循麓而西者，至問梅閣，問梅與指柏相直。梅與柏各一，皆相結為蛟虬，其壽幾二百年。柏之南有池，曰玉鑑，若鑑影以自媚者。梅之西有井曰冰壺，初鑿井時得古壺罇[18]地下，而其泉冽且甘，以瀹茗[19]，味尤勝云。

余在昔於斯游也，蓋屢焉[20]而不厭。今年秋復與茅宅民陳彥廉、張曼端來游[21]。而因師者，予故人也，止予宿問梅閣，得詠歌其邱與谷者累日。師曰：「是果可以詠歌與，願有記也。」故書之石而使刻[22]之。先是有十二詠書石上，其唱[23]者高太史季廸，和者張水部子宜、王文學止仲、謝翰林玄懿，今亦為同游者。

洪武五年秋七月稽岳王彝記。

校注：

1. 王彝（？—1374）：字常宗，号稽岳、稽岳樵夫，元末明初文人。祖籍四川，其父来昆山，遂留居于吴。王彝擅长诗文，斥当时文坛名宿杨维桢为"文妖"。明洪武初受诏参与编修元史，书成后辞归，与高启等一起受魏观修复郡治事牵连而获罪被杀。

2. 窪（wā）然：深深凹陷的样子。

3. 高僅有若干尺：僅，《文粹》中作"仅"。千，《王常宗集》中作"千"。

4. 亞匹之:与之相对而稍稍次之。

5. 枵(xiāo)然:腹中空空的样子。

6. 晻曖(ǎn ài):光线昏暗的样子。

7. 菝(bá):草木之根。【按】此处文字或有讹误,《文粹》及《王常宗集》中"菝"皆作"室"。

8. 一曰:《文粹》中无"一"字。

9. 踰:超过。寻:古时长度单位,八尺为一寻。

10. 甃:《王常宗集》中作"砌"。

11. 繙(fān):同"翻"。

12. 特出:特别突出,与众不同。

13. 地肺:多地有山名地肺山。这里指吐月峰石体上嵌痕纵横,如纹理交错的肺叶。

14. 駕石:《文粹》及《王常宗集》中"駕"皆作"架"。

15. 委蛇(wēi yí):即"逶迤",蜿蜒曲折的样子。

16. 颠踵:从头到脚,这里指从山顶到山脚。

17. 其循麓而東:《王常宗集》中无"其循麓而東"至"指柏轩"23个字;《文粹》中有。堂之南:《文粹》中作"方堂之南"。

18. 罇(zūn):同"樽"。

19. 瀹(yuè)茗:煮茶。

20. 屢焉:多次到那里。

21. 茅宅民:平民百姓。陳彥廉:陈宝生,字彦廉,浙江海盐人,旅居太仓。1260年购得《清明上河图》,后由杨准于1351年所购。陈宝生为人重信守义,乐善好施,多有周穷济贫的义举。事见王彝《泉州两义士传》。張曼端:文献无载,当为王彝此行同游平民之一。曼:《王常宗集》中作"曑"。

22. 刻:《文粹》中作"刊"。

23. 唱:《文粹》集《王常宗集》中皆作"倡"。

師子林十四詠[1]

王 彝

昔年清涼山,餞餞[2]金毛赤。來此自何年,蒼然化為石。
鑿翠從睗谷[3],移來佛屋東。嵌空纔一竇[4],夜與日華[5]通。
勢作金鼇[6]立,呀然仰太清。每當三五夕,先放半規明。
昆岡[7]分半股,插地四無鄰。為有懷中璧,虹光夜夜春。
古屋依青潤[8],袈裟半是苔。壁間僧影在,一坐九年來。
雲麓最高層,依依月乍升。聊因看貝葉[9],帶露一來登。
龍影夕連蜷[10],不飲吳江渚。截斷澗東天,飛來澗西雨。
幾曲轉逶迤,月明人跡稀。長林秋露落,一犬吠山扉。
大地寒深處,糸師不自知。青天還日出,一路見來時。
秋潭看月還,片月千山暝。獨有鉢中龍,蜿蜒伴僧定。
行道出深樹,空庭秋颯然。風來人不見,青子落僧前。
窗間月色微,薄雪自風吹。誰得春消息,南枝定北枝。
水清不生萍,況復生魚子。僧面此中看,分明佛光裏。
銅瓶百尺下,出甃帶微霜。注入連筒去,風吹滿寺香。

余既為因師作游師子林記,師復求十四詠,因賦此并書記後。師字如海,高昌人,有禪學,又能喜文詞,所謂地因人而勝者也。甲寅[11]六月二日彝書

校注:

1.【按】《王常宗集》中,各首詩皆有對應的題名。依序分別是"獅子峰""含暉峰""吐月峰""立玉峰""禪窩""繙經台""小飛虹""竹谷""立雪堂""臥云室""指柏軒""問梅閣""玉鉴池""冰壶井"。【昊校記】師子林十四詠:黃本無總題,各詩標題曰"師子峯""含暉峯""吐月峯""立玉峯""禪窩""繙經臺""小飛虹""竹谷""立雪堂""臥雲室""指柏軒""問梅閣""玉鑑

池""冰壺井"。

2. 燄燄(yàn):本义是火刚燃烧的样子,这里指光线明亮的样子。

3. 鑿翠:凿石开山,引申为开创、创造。暘谷:即阳谷。

4. 【昊校记】嵌空纔一寶:"嵌空"作"空嵌"。

5. 日華:阳光。

6. 蟇(má):同"蟆"。

7. 昆岡:亦作"昆岗""崐冈",即昆仑山。

8. 澗:《王常宗集》中"澗"作"潤"。

9. 貝葉:贝树之叶,古代印度人常常用以誊写佛经,借指佛经。

10. 連蜷:长而弯曲的样子。

11. 甲寅:即1374年,明洪武七年,岁在甲寅。

師子林三十韻[1]

僧道衍[2]

上士栖禪地,精藍[3]故有名。勝逾林屋洞,奇冠閶闔城。
岌岌諸峯秀,青青萬竹榮。室同圖藻麗,地等布金平[4]。
剎頂靈光集,幢陰瑞靄縈。梁飛晴蝀[5]見,礦踞怒猊獰。
近悅罘罳擁,遙憐睥睨橫[6]。桂臨經閣暝,蕉傍佛龕清。
井甃冰壺淨,池開玉鑑明。鉢俱[7]龍伏臥,亭接鳳來鳴。
曇葟還殊菊[8],頻伽詎類鶯[9]。庭梅新着彈,軒柏老垂纓。
槲葉飲螺翠[10],梔英妒蜀顂[11]。露晨知蕙吐,日午覺葵傾。
磵馥橐生荔,渠陰樹列檉[12]。藥欄蜂恣繞,蘚砌蟻觀征[13]。
風籟冷雙徑,天花雨兩楹[14]。炊香馴鴿戀,屧響睡麕驚[15]。
日下旛交影,雲深磬一聲[16]。蘭燈長際曉,蓮漏不違更[17]。
暖觸松煬灶,清喧茗沸鐺[18]。篆煙重翳幌,鏡月獨懸甍[19]。
僧出齋房淨,童歸化器盈[20]。蟬號隨梵奏,鶴舞逐徑行[21]。

暮境人厘過,忘形客倦迎[22]。參時機較密,定處步宜輕[23]。
疎闊緣方絕,孤高道始成[24]。遠聞思結社,潛醉願投盟[25]。
要適林中趣,應存物外情[26]。會須來掃石,宴坐學無生[27]。

校注:

1. 三十韻:组诗共十五首,每首诗两句押韵,合计三十韵。

2. 僧道衍:即前文高启诗中所说的释道衍斯道。详见高启《师子林十二咏序》注32。

3. 精藍:精舍、伽蓝,即佛寺。

4. 室同圖藻麗,地等布金平:屋宇如图画一样壮丽,地面如金铺地一样平整。布金,本义是以金铺满地面,这里借指地面如平铺的布面。

5. 蝀(dōng):虹。

6. 近悦罘罳擁,遙憐睥睨橫:这里描述的是建筑中的家具软装之丽。罘罳(fú sī),网格纹的屏风。睥睨(pì nì),斜着眼看。

7. 俱:《文粹》中"俱"作"拘"。原文行间亦用小字更正为"拘"。

8. 曇葶還殊菊:"曇葶"即"昙花",这里指奇美的花卉。《文粹》中"殊"作"如"。

9. 頻伽:即"频伽鸟",又作"迦陵频伽",此鸟鸣叫声清脆悦耳,传说生活在佛国净土。詎:岂。

10. 槲(hú)葉飲螺翠:槲栎树叶的叶子掩蔽了秀美的假山。《文粹》中"飲"作"欺"。【按】联系对句,可知"饮"字误,当作"欺"。螺翠:美丽的山峦。

11. 榴英妒罽頳(jì chēng):石榴花红得令红地毯嫉妒。罽:毛毡,羊毛织物,《文粹》中作"屬"。頳,同"赪",红色。

12. 磵馥蔏(cóng)生荔,渠陰樹列檉(chēng):山涧里溢香马莲一丛丛,水溪边繁阴绿柳一排排。磵,同"涧"。蔏,同"丛",《文粹》中作"叢"。荔,一种开蓝色花的丛生草,即蠡实,又作马蔺子、马莲。檉,同"柽",柳树。

13. 藥欄蜂滃繞,蘚砌蟻顜征:蜜蜂在药圃的篱落中嗡嗡飞绕,蚂蚁在生苔的石阶上碌碌奔忙。

14. 風籟冷雙徑,天花雨兩檻:风声吹彻了园中的山路,细雨打湿了轩阁的门窗。《文粹》中"冷"作"吟",【吴校记】同。

15. 炊香馴鴿戀,屨響睡龐(páng)驚:炊饭香吸引了驯养的家鸽,脚步声惊醒了熟睡的大狗。龐,即"庞",本义是高大的房屋;此处"庞"通"尨"(máng),一种多毛犬。【杲校记】屦響睡龐驚:"龐"當作"尨"。

16. 日下旛交影,雲深磬一聲:夕阳下幡影交错,寺园里传来声声磬钵声响。旛(fān),同"幡"。

17. 蘭燈長際曉,蓮漏不違更:精美的灯烛长明到天亮,莲花更漏不错过一个时辰。蘭燈,古代一种精致的灯。蓮漏,莲花漏。

18. 暖觸松煬(yáng)灶,清喧茗沸鐺(chēng):松枝烧得灶火旺旺暖暖的,茶铛中沸水翻滚着散发出汩汩清香。煬灶,火烧正旺的灶。煬,烤火。沸鐺,古代一种有脚的锅,可以温酒、煮茶。

19. 篆煙重翳幌,鏡月獨懸甍(méng):盘香缭绕着帷幕之间,明月高悬在屋脊之上。甍,屋脊。【杲校记】篆煙重翳恍:"恍"當作"幌"。

20. 僧出齋房淨,童歸化器盈:老僧把斋房打扫得干干净净,童僧化缘归来的钵盂满满当当。化器,钵盂布袋之类的化缘盛储器。【杲校记】僧出齋房淨:"淨"當作"靜"。

21. 蟬號隨梵奏,鶴舞逐徑行:蝉鸣伴随着梵音,白鹤徜徉于山路。

22. 慕境人厪(jǐn)過,忘形客倦迎:羡慕这里高境的人频频造访,不拘形迹、失去分寸的人就懒得接待他。慕,《文粹》中"慕"作"慕"。【杲校记】暮境人厪過:"暮"當作"慕"。"厪"同"廑",通"勤"。《文粹》中"厪"作"勤"。

23. 參時機較密,定處步宜輕:参禅时思维须缜密,禅定处脚步要轻盈。

24. 疏闊緣方絕,孤高道始成:思悟粗疏则与佛无缘,孤寂高深中才能悟道。疏闊,即疏阔,粗略、不周密。

25. 遠閒思結社,酒醉願投盟:人很空闲的时候就想着结社交游,每到令人陶醉之境就想着加入同乐。

26. 要適林中趣,應存物外情:入药真正地领悟寺园中的妙趣,还应有超然物外的高境界。《文粹》中"適"作"識"。

27. 會須來掃石,宴坐學無生:如果可以,我就宁愿来这里打扫石头坐凳,安静地坐下来学习不生不灭的佛经理义。

師子林池上觀魚

高 啟

穿蒲尾獨掉,唼蘋口羣仰[1]。波平吸見痕[2],池靜跳聞響。漁罟[3]已免捕,僧盂每分養。落日意無驚,識我臨流賞。

校注:

1. 唼(shà):魚咬草吃食發出的聲音。蘋(pín):同"蘋"。
2. 吸:《文粹》與高啟《大全集》中"吸"皆作"沒"。【杲校記】波平吸見痕:"吸"作"沒",《集》同。按徐幼文圖錄此詩亦作"沒"。
3. 罟(gū):古代的一種大漁網。

和高季迪師子林池上觀魚

徐 賁[1]

微微林景涼,悄悄池魚出。欲去戲仍戀,乍探驚還逸[2]。行循曲島幽,聚傍新荷密。不有濠梁興[3],誰能坐終日。

校注:

1. 徐賁(1335—1380):字幼文,常州人,遷居蘇州城北,自號北郭生。元末明初畫家、詩人,吳中四傑之一,明初十才子之一。明洪武七年(1374)受薦入朝,先後歷任御史、刑部主事、廣西參議、河南左布政使。洪武十三年(1380)獲罪被處死。著有《北郭集》。
2. 【杲校記】乍探驚還逸:"探"作"深",徐圖同。
3. 濠梁興:觀魚的興致。典出莊子與惠子濠上觀魚的故事。

過師子林

高 啟

雨餘鳥語涼¹,斜陽竹深見²。頻來非看花,借讀高僧傳。

校注:
1. 雨餘鳥語涼:雨后的鸟鸣声听起来感觉更加清凉。
2. 斜陽竹深見:夕阳投射之下,竹林显得更加幽深。

訪師子林因師,而師適詣予,兩不相值¹

前 人²

我去尋幽院,師來訪小園³。休言不相見,相見本無言。

校注:
1. 適詣予:恰巧来访我。詣:拜访。相值:相遇。
2. 前人:【按】此诗见录于高启《大全集》卷6,作者当为高启。
3. 小園:高启的宅园。

與王徵士訪李鍊師遂同過師子林尋因公[1]

前　人[2]

玄館啟眞境[3]，紺園閟清香[4]。茲晨兩地游，乍出囂煩鄉。鳥鳴桂花落，澗戶秋風涼。開士演金偈[5]，羽人薦瑤觴[6]。亦有詞苑英，清芬吐華章。愧我自徵起[7]，束帶忝周行[8]。山林復在念[9]，那期復來翔。暌合[10]固知妄，去來亦何常。誰言道各異，妙契久相忘[11]。

校注：

1.【按】王徵士当为王行。鍊(liàn)师：本义是德高思精的道士，后用作道士的敬词。李鍊师即当时的宁真道观住持李睿；道观与狮子林毗邻。李睿，字秋水，宁真道观住持，因观内有瓢鹤山房，人称瓢鹤道士。时人高启、王行、王彝、道衍、陈基等皆有诗文相赠。

2. 前人：【按】此诗见录于高启《大全集》卷7，作者当是高启。

3. 玄館：本义是幽静的房舍，多指隐士居处，这里指道观。眞境：道教之地。亦指仙境。

4. 紺(gàn)園：寺庙或者道观，这里指寺庙。閟：《大全集》中"閟"作"閟"。【昊校记】紺園閟清香："閟"黃本及《集》并作"閟"。

5. 開士：即菩萨，因其既能自觉开悟，又能开释他人，故称开释，后成为佛僧的尊称。金偈(jì)：佛教语，高僧说法时用的韵语。

6. 羽人：长着翅膀能够飞起来的仙人，后用来指道士。瑤觴：玉杯，借指美酒。

7. 徵起：受诏出仕。

8. 束帶：穿起官服。忝：忝列，谦辞，表示辱没他人而勉强被选列其中，自己有愧。周行：朝官之列。典出《诗经·周南·卷耳》："嗟我怀人，寘彼周行。"

9. 復：高启《大全集》中"复"作"久"。【昊校记】山林復在念："復"當作

"久"。

10. 暌(kuí)合：离合。暌，暌违，相互离开。高启《大全集》中"暌"作"睽"，异体字。

11.【杲校记】妙契久相忘："久"當作"宜"。

師子林竹下偶詠

徐　賁

客來竹林下，時聞澗中琴。
經房在幽竹，庭戶皆春陰。
孤吟遂忘返，煙景坐¹逾深。

校注：

1. 坐：徐贲《北郭集》中"坐"作"生"。

七月望日¹與高季迪過師子林

張　適

方罷文字燕²，復來釋子居。輕颸³卻暑後，斜日下林初。
非無明旦游，偶此清思餘。⁴適當解夏日，羣公正安舒。
或出囊中文，或發函內書。久論理昭析⁵，玄談趣冲虛⁶。
仰聽歸林翼，俯察沈淵魚。物性咸自適，游心亦晏如⁷。

校注：

1. 望日：《文粹》中"望日"作"十五"。
2. 方罷文字燕：刚刚结束了文字会。
3. 輕颸：清风。

4.非無明旦游,偶此清思餘:不是白天里没有时间来游,而是这个黄昏恰好有更多思悟。

5.昭析:明晰。

6.冲虚:恬淡虚静。《文粹》中"冲"作"中"。

7.晏如:安然自如的样子。

晚過師子林

僧道衍

無地堪逃俗,乘昏復到林。半山雲遏磬[1],深竹雨罝禽。觀水通禪意,聞香去染心[2]。叩門驚有客,想亦為幽尋。

校注:

1.雲遏磬:山霭阻碍了寺院的磬钵之声。

2.聞香去染心:闻到寺院的焚香,心中的烦恼就渐渐被遗忘了。染心,因不觉而起无明,致使心被烦恼所污染,故为染心。

重過師子林

前 人[1]

開扉近水邊,竹石總[2]堪憐。遠想渾如夢,重游卻信緣。蝶翻紅藥[3]雨,鳥度碧蘿煙。即境[4]自忘慮,何須更習禪。

校注:

1.前人:道衍《逃虚子集》卷5收录了此诗,故此诗作者当为姚广孝。

2.總:总。

3.紅藥:芍药。

4.即境:到了禅林环境中。

師子林遇盈師夜坐

前　人[1]

空林長掩關,閒雲去無迹。偶來值禪侶[2],清談忘永夕。
坐久磬聲沈[3],松堂一燈寂。

校注:

1. 前人:《逃虛子集》卷2收錄了此詩,詩題為《師林精舍遇盈師夜坐》,故此詩作者當為道衍姚广孝。
2. 值:正好遇上。禪侶:僧侶。
3. 沈:深、沉,這里指夜深。

春暮與行書記過師子林

前　人[1]

偶同看竹過林廬,素抱忻從此日舒[2]。
淺碧雲虛泉落後,孤紅霞淡[3]澗芳餘。
放禪[4]時至鐘鳴室,施食人同鳥下除[5]。
勝地每嫌山水隔,不因[6]乘興到應疎。

校注:

1. 前人:道衍《逃虛子集》卷8收錄了此詩,故此詩作者當為姚广孝。
2. 素抱:平素的志趣。忻從:很高興地跟隨。忻,同"欣",心情開朗快乐。
3. 淡:道衍《逃虛子集》中"淡"作"澹"。
4. 放禪:參禅課業的間休。

5. 施食：投食。除：台阶。
6. 不因：道衍《逃虚子集》中"因"作"应"。

懷師子林因上人[1]

前 人[2]

自作京華游，每憶林間屋。何似白雲閒，長年寄深竹。

校注：

1. 因上人：即因师，如海因公。
2. 前人：道衍《逃虚子集》卷8收录了此诗，故此诗作者当为姚广孝。

過師林蘭若如海上人索畫因寫此圖并為之詩[1]

倪 瓚[2]

密竹鳥啼邃，清池雲影閒。茗雪爐煙裊，松雨石苔斑。
心靜境恆寂，何必居在山。窮途有行旅，日暮不知還。

校注：

1.《文粹》中此诗题为《七月廿七日過東郭師子林蘭若，如海上人索予畫，因寫此圖并為之詩》；《珊瑚网》《六艺之一录》《式古堂书画汇考》收录此诗题为《过狮子兰若》；方志中此诗题为《过师子林兰若》。【吴校记】過師林蘭若：黃本作"七月廿七日過東郭師子林"云云；此詩以下，黃本次敘前後互異。

2. 倪瓚(1301—1374)：初名倪珽，字泰宇，后改字元镇，号云林子、荆蛮民、幻霞子，江苏无锡人。元末明初著名画家、诗人，与黄公望、王蒙、吴镇并称"元四家"。

次雲林韻

周南老[1]

　　幽林闃禪寂,跡與心俱閒。垂簷高竹翠,沿厓細菊斑。
　　逸客思招隱,永言過小山。道人方定起,徵心[2]豈無還。

校注:

1. 周南老(1301—1383):字正道,自号拙逸老人,祖籍湖南道县,后徙苏州。元末明初文人,元末受荐先后出任永丰儒学教谕、当涂县教谕,以及吴县主簿、两浙盐运司知事、淮南行省照磨、江浙行省理问等地方基层文职,明洪武初年(1368)征赴太常议礼,事毕放还。

2. 徵心:佛教语,即七处徵心,从七个方面来讨论心性的本质与根源。出自《楞严经》。

游師子林次倪雲林韻

高　啟

　　吟策頻入院[1],道人知我閒。尋幽到深處[2],啼鳥[3]竹斑斑。
　　林下不逢客,城中俄[4]見山。牀敷有餘地,鐘動暮催還[5]。

校注:

1. 【杲校记】吟策頻入院:《青邱詩集》與此同,黃本作"經院行屢到"。
2. 【杲校记】尋幽到深處:"到"作"度"。《集》作"到"。
3. 啼鳥:高启《大全集》中"啼鳥"作"鸟语"。
4. 俄:俄尔、俄然,时间很短。
5. 暮:高启《大全集》中作"莫"。【杲校记】鐘動暮催還:"暮"作"莫",集同。

臘月四日夜宿師子林聽雨有作[1]

王 彝

自是城中寺,卻忘身在城。俄然萬松子,吹作四簷聲。
我欲遠塵世,僧多留客情。聊因佛燈下,聽雨到雞鳴[2]。

校注:

1. 这首诗在《王常宗集》中题名为《癸丑歲十二月初四夜宿狮子林听雨有作》。【昊校记】臘月四日:黃本作"癸丑歲十二月初四日"。
2. 雞鳴:王彝《王常宗集》中"鸡"作"天"。

次 韻[1]

僧道衍

因師真隱者,舊業只依城。泉石增山意,松筠隔市聲。
此中堪縱目,過客每留情。長憶雲林子[1],時來聽鶴鳴。

校注:

1. 此诗所次为王彝诗歌之韵。
2. 雲林子:倪瓚,号云林子。

卷中皆和雲林詩,余亦次媯蜼子韻[1]

張 適

禪林杳難覓[2],行近郡東城。竹影迷簾影,松聲雜梵聲。
玄談消世慮,妙境愜詩情。谷口[3]人來少,幽禽自在鳴。

校注:

1. 媯蜼(guī wèi)子:即王彝。王彝祖先姓陈,故自号媯蜼子,高启有《媯蜼子歌为王宗常赋》。【按】张适《张子宜诗文集》收录此诗,题名为《题师子林图次韵高季迪》,误。
2. 禪林杳難覓:《张子宜诗文集》中"林"字后衍"香"字,疑为"杳"之误。
3. 谷口:本为地名,在陕西云阳,后世借指隐者所居之处。《史记·孝武本纪》:"所谓寒门者,谷口也。"

題顧定之竹為如海上人[1]

王 彝

老僧出定心逾寂,坐覺谷中繁露滴。
萬響千聲自去來,一時月照袈裟白。
蜿蜒何物向窗飛,分明鼓鬣復揚鬐[2]。
人間只識仙翁杖,不識降龍出鉢[3]時。

校注:

1.《王常宗集》与《文粹》中收录此诗,题名皆为《为如海上人题顾定之竹》。【杲校记】題顧定之竹為如海上人:作"為如海上人題顧定之竹"。

2. 鼓鬣(liè)復揚鬐(qí)：走兽发怒时耸起脖颈上鬃毛的样子。鬣，鬃毛。鬐，脖子上的鬃毛。

3. 降龍出鉢：即佛教中如来降服吐火毒龙的故事。钵，佛钵。

又[1]

倪　瓚

顧畫王詩[2]兩奇絕，風霜凜凜看清節。
師子林中古佛心，允矣[3]無生亦無滅。

校注：

1. 倪云林《清閟阁集》卷8录此诗，题为《题顾定之竹》，题下有小字批注："上有王常宗詩。"

2. 顧畫王詩：顾定之画与王常宗诗。

3. 允矣：做事中正公道。引自《诗经·小雅·车攻》。

題雲林畫贈因師[1]

高　啟

含暉峯下路，樹石盡垂藤。欲認莓苔跡，相尋行道僧。

校注：

1. 高启《大全集》卷16收录此诗，题为《题倪云林画赠因师》。

為師子林題雜畫五首[1]

張 適

風樹葉鳴策策,雨巖苔駁班班。
翻笑簷前雲影,去來不似僧閒。

重山抱溪迴,幽館當巖迴[2]。
花氣散春芬,林陰生畫暝。
琴罷鶴長鳴,蘿窗白雲冷。

雨歇山境清,風微巖谷靜。
飛瀑落松梢,流光瑩如鏡。
道人起遐觀[3],因而悟真性。

林下雨欲來,竹樹風先起。
僧定靜無聞,栖禽自驚語。

路轉溪迴不見山,蘿簷蘚磴萬松閒[4]。
應門童子[5]巖前去,為送幽人問字還。

校注:

1. 張适《张子宜诗文集》中此诗题为《为师子林僧题杂画五首》。
2. 迴:行间有小字批注修改为"迥"。【按】《张子宜诗文集》诗集卷2,亦作"迥"。
3. 遐觀:纵观、遍览的意思。
4. 閒:张适《张子宜诗文集》中"閒"作"间"。

5. 應門童子：看門的小童。

為因師題松梢飛瀑圖

高　啟

松風散飛瀑，夜作濤聲急。
棲鶻[1]起空山，如驚鬼神入。
定僧寂無聽，任灑袈裟濕[2]。

校注：

1. 棲鶻（gǔ）：高启《大全集》中"栖"作"棲"。鶻，亦即鶻鳩、鶻鵃（zhōu）、斑鳩。

2. 濕：湿。

歲暮過師子林

沈　周[1]

老人毛根[2]雪未消，九十年程百不遙[3]。
我歎多時回[4]問訊，庭前柏樹幾枝凋。

校注：

1. 沈周（1427—1509）：字启南，号石田、白石翁、玉田生、有竹居主人。沈周不应科举，专事诗文、书画，是明代中期文人画"吴派"的开创者，与文徵明、唐寅、仇英并称"明四家"。【按】此诗题名为《岁暮过师子林》，作者署名沈周，有两点存疑：其一，沈周与道恂为同代文人，沈周的诗歌编次于高启、倪瓚之间，不妥；其二，按欧阳玄记，狮子林初造于元至正二年（1342），此诗中有"九十年程百不遙"句，可知此诗写作时间当在1432—1442的十年里,此间沈周年龄尚在5—15岁,即便能够勉强赋诗,也不会写出"我叹多时回问讯"的诗句。也可能此沈周非"吴门四家"中的沈周。

2. 毛根:毛草根。

3. 年程:年资,年岁。百不遥:距离一百年不远了。

4. 回(huí):即"回"。

師子林圖跋¹(一)

倪 瓚

余與趙君善長² 以意商榷,作師子林圖。眞得荆關³ 遺意,非王蒙輩所能夢見也,如海因公宜寶之。癸丑十二月,懶瓚⁴ 記【趙善長名源,號丹林,山東人】。

校注:

1.【按】此为倪云林书写其与赵善长商榷合作《狮子林图》的画跋,原文在图画起首的前序之处,后被多处转录,但是互相之间出入较大,疑点较多。具体包括:其一,倪瓚《清閟阁集》卷9收录此跋文,其中,"余"作"予";"王蒙"后无"辈"字;"如海因公"作"四海名公";无"癸丑十二月"时间款。其二,晚明张丑《清河书画舫》卷11有"倪迂师子林图自跋"条,其中亦无"辈"字,"癸丑十二月"时间款被置于"懒瓚记"姓名款之后。其三,画跋中没有说明倪瓚与赵善长商榷后各自的分工内容,后世往往认为此图乃倪云林一人所绘,此判断存在疑窦。

2. 赵君善长:赵原,字善长,号丹林,元末明初文人。原籍山东莒城(今山东莒县),后移居苏州府吴县(今江苏苏州),工画山水,师法董源。明洪武中被征至金陵作画,由于所绘图画不称圣意而被杀。

3. 荆關:荆浩与关仝,五代时两位著名画家。

4. 懒瓚:倪瓚晚年诸多签名雅号之一。

師子林圖跋[1]（二）

徐賁

　　右師子林十二詠,詠各有題。今主席如海大士邀余作圖,余因用寫圖意[2]。初不較其形似,他日觀此者,幸勿按圖索駿[3],當求我於驪黃[4]之外也。洪武七年[5]三月廿八日,蜀山人徐賁。

校注:
1.【按】此为徐贲作《狮子林十二咏图册》所写跋文,画跋原无标题,现标题为校注编次所需而添加。
2.【杲校记】用寫圖意:作"用圖寫意"。
3. 按圖索駿:典出《汉书·梅福传》,意思是按照画像去寻求好马,比喻墨守成规办事。后来也作"按图索骥"。
4. 驪黃:指黑色和黄色的马。这里指所绘园林图画内容的形态表象。
5. 洪武七年:即1374年。

師子林圖跋[1]（三）

姚廣孝

　　余友徐賁幼文,洪武間為師林如海師作此十二景,極為精妙。余嘗題其上,逮今四十餘年矣。今囗菴上人[2]繼師林之席,今年春來京師過余,出示此卷,觀之,眞若隔世事[3]。幼文如海皆已謝世,余耄獨存,不能不興感於懷也。上人復徵余[4]識其後,故書此以紀歲月云。時永樂十五年倉龍丁酉春三月望日[5],太子少師吳郡姚廣孝識。

校注:

1.【按】此为姚广孝为徐贲《狮子林十二咏图册》所写跋文,画跋原无标题,现标题为校注编次所需而添加。

2.【昊校记】今口菴上人:按徐圖當是"简菴"。【按】今按图册影印本,此处乃为"口",并无昊朗校勘记中的"简"字;另外,此跋文被多处收录。其中《珊瑚网》卷36和《式古堂书画汇考》卷54中皆作"默庵",《味水轩日记》卷6中为"蒲庵",《爱日吟庐书画录》卷1中为"口";此上人当为狮子林继如海之后的第四代住持;此间倪云林有跋文中言及"默庵有道先生",苏州人沈右在《高深斋记》中落款为默庵道人,因文献不足,尚难得出确论。

3.【昊校记】眞若隔世事:徐圖無"眞"字。

4. 徵余:央求我。

5. 永樂十五年:即1417年。【昊校记】時永樂:無"時"字;三月望日:無"望日"二字。

師子林圖跋[1](四)

費 密[2]

《師子林圖》有三,一為睢陽朱德潤作,一為徐賁幼文作,一為倪瓚元鎮作。今文氏所臨不知誰氏本。[3]費密觀記。

校注:

1. 此则图跋原也无标题,现标题为校注编次所需而添加。

2. 費密:字此度,明末清初成都新繁(今新都区)人,避张献忠乱移居扬州,一生著述颇多,人称中文先生。

3.【按】此处费密罗列了朱德润、徐幼文、倪云林三人所绘《狮子林图》。关于狮子林图绘,此三种之外还有杜琼的图绘,"今文氏所临"可能是文徵明的《补天如狮子林卷》。

題師子林紀勝集

李應禎[1]

　　師子林在吳城之東北,雖小而樹石幽茂,且代多賢主僧,以故士大夫樂游,游必有作,事隨代遷,存者無幾。今住山道恂師摭拾遺餘[2],僅僅[3]得二百餘篇,屬葑溪朱隱君存理繕寫入梓[4]。噫!世家鉅族非無可傳,繼者非人,遂致湮沒。浮圖氏法掃空諸有[5],乃獨䁱意於此,然則恂師豈止賢於其徒哉?南京太僕寺少卿致事,郡人李應禎。

校注:

1. 李應禎(1431—1493):初名甡,字应祯,后更字贞伯,号范庵,明代苏州文人、书法家,景泰年间选授中书舍人,迁南京兵部郎中,以南京太仆寺少卿致仕,人称李少卿。
2. 摭(zhí)拾:拾、捡。遺餘:剩余、遗留。
3. 僅僅(jǐn):仅仅。
4. 朱存理(1444—1513):字性甫,又字性之,号野航,长洲(今江苏苏州)人。明代藏书家、学者、鉴赏家。繕寫:抄录、誊写。入梓:刻板印书。
5. 掃空諸有:扫空一切。諸有,佛语,指迷界万象、因应诸业。

　　乾隆元年歲次丙辰小春[1],東吳小癡顧渚茶山氏,校錄於杞龍軒。

校注:

1. 乾隆元年:即1736年。歲次丙辰:即岁在丙辰。歲次,干支次序。

師子林紀勝集補遺

元和徐立方輯

敕諭、序文、題詠、圖畫

皇帝敕諭直隸蘇州府長洲縣師子林[1]

朱翊钧

敕賜聖恩寺[2]住持及僧眾人等：朕維佛氏之教[3]，具在經典，用以化導善類，覺悟羣迷，於護國佑民不為無助。茲者聖母慈聖宣文明肅皇太后[4]命工刊印，續入藏經四十一函，并舊刻藏經六百三十七函，通行頒布本寺。爾等務須莊嚴持誦[5]，尊奉珍藏，不許諸色人等故行？玩，致有遺失損壞。特賜護持，以垂永久。欽哉[6]！故諭。大明萬歷二十年[7]八月日。

校注：

1.【按】此文为明朝万历年间敕赐各地藏经护经圣旨的公文范本（故此处补充署名朱翊钧），如明万历十四年（1586）敕赐庐山黄龙寺、普陀山宝陀观音寺、金陵瓦官寺，万历十五年（1587）十一月勅赐嵩山少林寺，万历十八年（1590）敕赐支提寺等。文本中的文字格式皆与此相同。

2. 聖恩寺：受皇恩眷顾敕造、赐经、题额等皆为圣恩，因此历代各地的圣恩寺较多。苏州最负盛名的圣恩寺当为西山光福的天寿寺。狮子林此番不仅受赐佛经若干卷，还受赐了圣恩寺题额，住持明性受赐金襴紫衣袈裟一袭，时人长洲县令江盈科撰写了《敕赐重建师子林圣恩寺记》。

3. 維佛氏之教：用佛教来教化民众。

4. 慈聖宣文明肅皇太后：即明万历皇帝时的李太后（1544—1614），本名李彩凤，隆庆帝贵妃，万历帝生母。神宗万历帝大婚后，被加尊号为慈圣宣文皇太后，后来她又被叠加"明肃""贞寿端献""恭熹"等尊号。

5. 莊嚴持誦：严肃认真地习诵。
6. 欽哉：即钦此。帝王差遣行事的官方语言，表示尊敬。
7. 萬曆二十年：即1592年。

御製新刊續入藏經序[1]

孫　隆[2]

續入藏經四十一函，起《華嚴懸談會元記》全《第一希有大功德經》，計四百一十卷，此我聖母慈聖宣文明肅皇太后所命刻也。朕惟釋教東流[3]，經典遞譯[4]，函卷繁富極矣。我聖母躬體聖善[5]，坐撫昇平[6]，密契心乘[7]，力脩聖果。因復假筏迷津[8]，施航覺海[9]，續增茲典，聿廣義宗[10]，德意甚盛。載惟經世出世，厥用复殊[11]。然其立教以明心見性為宗，以慈悲喜捨為用；以瞋愛滛殺[12]為戒，以戒定禪寂為門；大都使人破塵妄之迷，以即妙圓[13]之體；惕罪報[14]之由，以脩慈善之根；悟未來之因，以減現在之業[15]。此其覺人濟物勝殘去殺之功[16]，於吾聖治不為無助。故經謂莊嚴施捨周於沙界[17]，不若一經一偈流布之功。然則聖母慈命真可謂續慧燄於昏衢[18]，普慈雲於陰界[19]，延祐宗社，種福人天，不可思議[20]者矣。若乃梁魏隋唐[21]之主，傾國資以崇像飾[22]，瘠齊民以奉緇流[23]，殊戾[24]釋氏本旨，朕所不取，亦非我聖母流布是經之意。是為序。大明萬曆二十年八月日。

欽差提督蘇杭等處織造，司禮太監臣孫隆立石。

校注：

1.【按】此文亦为明万历朝赐经各寺的公文范本，如万历十四年（1586）敕赐普陀山和杭州南屏净慈寺的《御制新刊续入藏经序》，文本皆与此文约同。

2. 孫隆：字东瀛，明万历朝司礼监太监，《明史·宦官传》中有载。孙隆于张居正担任首辅时任司礼太监,后来被神宗派到苏杭任织造太监,兼任税监,其间在杭州和苏州等地横征暴敛、大肆搜刮,引发苏州一带机户(纺织业者)在葛贤率领之下,爆发了抗争起义。

3. 東流:东传。

4. 遞(dì)譯:不断地翻译。遞,传递。

5. 躬體聖善:亲身为善,以身作则。

6. 坐撫昇平:即抚慰太平盛世。坐撫,安抚,这里指安心协助治理天下。

7. 密契心乘:紧密契合修心的佛法。

8. 假筏迷津:为找不到方向和渡口的人资以舟楫。

9. 施航覺海:引导人们彻底觉悟。

10. 聿廣義宗:推广德义之宗旨。聿,发语词。

11. 厥用敻(xiòng)殊:其作用非常之大。厥,代词,其。敻,深、远。殊,不一般。

12. 瞋:同"嗔",愤怒。愛:吝啬。淫:同"淫"。殺:即杀生。

13. 妙圓:美好而圆满。

14. 罪報:罪恶与报应。

15. 業:这里指业障、罪孽。

16. 覺人濟物:使人觉醒,使物生长。勝殘去殺:克制残忍,戒除杀戮。

17. 周於沙界:(施惠)遍及多如恒河沙数的世界。

18. 續慧燄(yàn)於昏衢:在昏暗的大道上传续智慧的光芒。燄:火光。

19. 普慈雲於陰界:慈悲之心怀如云一样广照阴暗的世界。

20. 不可思議:佛语,指思想言语所不能达到的境界。

21. 梁魏隋唐:南朝梁武帝、北魏胡太后、隋文帝杨坚、唐代武则天等历代佞佛迷信的君主。

22. 像飾:佛像上的装饰,尤指金饰。

23. 瘠齊民:使平民贫困不堪。齊民,平民百姓。緇(zī)流:指僧侣。以僧尼常穿的黑色衣代指僧人。

24. 戾:即乖戾,指违背、不一致。

跋師子林圖咏[1]

陸 深[2]

　　此卷師子林圖，徐幼文作，凡十二段，段有題名，以古篆隸寫之，獨損缺[3]其一，按圖，當是雪堂云。各係以五言詩，凡十二首，不書名氏，詞翰皆簡健[4]，後有少師姚榮公跋尾[5]。榮公稱：余友幼文為師林如海作十二景，極為精妙，予嘗題其上。則卷中詩當是榮公手跡，《郡志》之所宜有也。幼文名賁，仕至河南左布政，攻詩能畫，吳門四傑其一也。[6]師子林在蘇城[7]東北隅，本元僧維則之道場，最號奇勝。則好聚奇石，類狻猊，故取佛語名菴，圖首[8]一石題師子峯者是已。或云，則得法於本中峯，本時住天目之師子巖，蓋以識授受之源[9]也。《姑蘇新志》[10]：維則字天如，姓譚氏，至正初人。跋尾[11]稱如海師，豈即其人歟[12]？但榮公跋于永樂丁酉，似為其徒攜至京師而作，故有四十餘年之嘆，而興感于幼文、如海之謝世矣。

　　嘗聞榮公以少師還吳，訪其師於師子林，為所拒。至夜漏深，以微服往後門[13]求見，有僧瞑目端坐，止以手捫[14]其頂，曰："和尚繇得此在。"[15]蓋榮公功成貴顯，猶本僧服，故不曾蓄髮。徐云："和尚撇下自己事，卻去管別人家事，怎麼[16]？"榮公憮然[17]而去，可謂本教中之喝棒手[18]，乃大善知識，豈即維則歟？又聞榮公法名道衍，嘗學於相城之靈應觀道士席應真[19]者，盡得其兵法機事[20]，執弟子禮，豈還吳所見又[21]應真耶？顧風旨嚴峻，糠粃事功[22]，異學中自有之，不必深求其人亦可也。暇日，偶閱此卷，因重裝之，聊記于此。若師子林之題咏尚多，而幼文亦自有作，天如詩尤可誦，乃錄數首[23]，以資閒中一覽。

嘉靖癸卯六月望[24],儼山陸深書。

校注：

1. 跋師子林圖咏：此乃陸深为所观徐贲绘《狮子林图册》撰写的跋记，收录于陆深《俨山集》卷88，文集中题名无"咏"字。

2. 陸深(1477—1544)：初名荣，字子渊，号俨山，明代松江(今上海)人。文学家、书法家。弘治十八年(1505)进士，授编修，后擢四川左布政使，嘉靖中迁詹事府詹事。卒赠礼部右侍郎，谥文裕。

3. 缺：陆深《俨山集》中无"缺"字。

4. 詞翰皆簡健：陆深《俨山集》中，此句从下，见后注。

5. 跋尾：写在书法或绘画作品后面的跋记。陆深《俨山集》中在"跋尾"之后，有"想见一时之文雅，可補後來之郡乘"14个字。

6. 榮公：姚广孝受封为荣国公。"荣公稱"句在陆深《俨山集》中作："余友幼文洪武间为师林如海作十二景，余尝题其上，颇有称誉。卷中之诗当出荣公无疑，而词翰尽皆简健。按，幼文名贲，仕至河南左布政，工诗能画，吴门四杰其一也。"两处文字有多处细节存在不同，前后顺序也不一致。

7. 蘇城：指苏州。陆深《俨山集》中作"吴城"。

8. 圖首：陆深《俨山集》中作"首图"。

9. 源：陆深《俨山集》中作"原"。

10. 《姑蘇新志》：南宋范成大编纂《吴郡志》之后，明洪武年间卢熊再修《苏州府志》，即文中所指《郡志》。明正德年间王鏊主持纂修《姑苏志》，即文中所指《姑苏新志》。

11. 跋尾：陆深《俨山集》中"跋尾"前有"而"字。

12. 豈即其人歟：这里陆深错误地推断如海可能就是维则。

13. 後門：陆深《俨山集》中"后门"前有"扣"字。

14. 捫：抚摸。

15. 和尚罍得此在：还留着和尚的光头。

16. 恁(nèn)麼：为什么，怎么样。

17. 憮然：即怃然，指怅惘若失的样子。

18. 喝棒手：以棒打一下或者大喝一声使参禅者醒悟。比喻严厉警告，促使人猛醒过来。

19. 席應眞(1301—1381)：又作席应珍，字心斋，元末道士，道号子阳子，常熟人。少辞家学道法、真箓丹法,无不洞晓。兼涉儒学,尤精于《易》,释典方术触类旁通。早年主持双凤普福宫,后迁苏州主持白鹤观、灵应观。治学为人皆堪称道流楷模,为元末明初江南道教的杰出代表。

20. 機事:技巧之事,这里指谋略、韬略。

21. 又:陆深《俨山集》中"又"作"乃"。

22. 顧:回头看,这里的意思是回想。風旨嚴峻,糠粃事功:语义严肃,视仕途功业如糟糠。

23. 乃錄數首:陆深《俨山集》中作"併錄於後"。

24. 嘉靖癸卯:即1543年。六月望:六月的月圆之日,通常为六月十五。

跋 畫 冊

钱 榖[1]

師子林一名菩提正宗寺,在郡城東北隅仁壽橋東碎金巷內。元至正間,名僧維則天如[2]所創,則好聚奇石,有類狻猊者,乃取佛經中語得名。林徑幽僻,且禪行高簡,一時名流勝士無不參游者。題咏甚富,見諸所刻《師林集》[3]。嘉靖甲午、乙未[4]間,予友石民望[5]氏讀書其中,嘗一庋止[6],竟日忘返。後為勢家所有,委廢狼籍,所存者頹垣敗屋、朽木枯池而已,每經其門,不勝嗟歎。近正覺戀公得石田翁所臨徐幼文《師子林圖》[7],圖缺其三。雲間何太史柘湖[8]避地於蘇,游從甚洽[9],藏有幼文真跡,遂爾借過,為補足之。復以素冊摹此十二景與詩,併錄姚陸二公?語,留置十友齋[10]中,不敢追蹤古人,聊存吳中故事云耳。明窗淨几時一展玩,恍然身在問梅、指柏之間,何樂如之。追維郡中貴家富室,園池亭館、珍木怪石,巧取詭奪,爭勝一時,夸耀人目,身死之後不一二年,煙銷灰滅,莫知其幾。師林今雖廢毀,名迹未泯,悠悠片紙流傳人間什襲[11]二百餘年。囙視向之炎炎[12]之居，反不若區區一小禪窩，所重者在此不在彼也，後之攬者亦不能不起廢興之感於懷也。圖成，復識此語於後。

嘉靖壬戌[13]春王正月十日，後學錢穀叔寶書。

此從錢叔寶摹圖冊錄出，其所錄僧維則、倪瓚、高啟、徐賁、姚廣孝【即僧道衍】各詩，並見紀勝集。[14]

校注：

1. 錢穀(1508—1578)：字叔宝，号磐室，明代苏州人。师从文徵明学习诗文书画，画风疏朗稳健、素雅平实；喜读书，并手抄善本书籍，汇编有《续吴都文粹》等。

2. 天如：《苏州园林历代文钞》中"天如"前衍文"由"字。

3. 諸：之于，合音词。《師林集》：此《师林集》当为道恂所辑录之刻本。

4. 嘉靖甲午、乙未：即1534年、1535年。

5. 石民望：晚明文人，擅长书画，苏州方志中有多处记录其与钱谷、文彭、朱存理等人交游唱和的文献，其他不详。

6. 戾止：到来。

7. 正覺懋公：苏州正觉寺在苏州古城东南，元代旧址处为大林庵，明初洪武年间大林庵与万寿寺合并，基址遂废。明代中期重建正觉寺，吴宽有《正觉寺记》。懋公：正觉寺住持。石田翁：即沈周，号石田，此处所言沈周《狮子林图》摹本，今已不知所在；沈周曾师从杜琼学画，杜琼也曾绘有《狮子林图》。

8. 雲間：旧时松江府的别称，府治在华亭县，辖区约为今上海市吴淞江以南直至海边的整个区域（今上海市松江区）。何太史柘湖：即何良俊(1506—1573)，字元朗，号柘湖，明代戏曲理论家，松江华亭（今上海奉贤柘林）人，嘉靖时贡生，荐授南京翰林院孔目，后因仕途屡不得意，辞去官职，归隐著述，自称与庄周、王维、白居易为友，题书房名为"四友斋"。著有《柘湖集》《何氏语林》《四友斋丛说》。

9. 浹(jiā)：融洽。

10. 十友齋：钱谷藏画室之一。

11. 什襲：本义是把物品一层又一层地包裹起来，比喻珍重地收藏。

12. 炎炎：本義爲光綫明亮或者火勢盛大，這裏指建築氣勢盛大。
13. 嘉靖壬戌：即1562年。
14.【按】"此從錢叔寶"至"並見紀勝集"句，爲徐立方補遺時所寫按語。

玄洲精舍（題畫詩）[1]

張 雨[2]

吾愛柴桑[3]言，所居何必廣。況此金鄉[4]室，寸地皆福壤。
巖棲晚更幽，微雪帶林莽。風生獨獸號，山空眾泉響。
有聞惟寂音，無媾[5]即純想。昔賢非樂此，澹泊欲誰賞。
此從張東畬[6]《補圖卷》錄出，原註云："小春八日，偶於篋中得原圖題句，敬錄於此。應均。"[7]

校注：

1.【按】四部叢刊景鈔元刻本《句曲外史貞居先生詩集》卷1收錄了此诗，可知此诗為元末張雨所作；原诗题為《玄洲精舍》，今彭尤隆點校《張雨集·上》卷1中亦作"玄洲精舍"。玄洲精舍為句容茅山之道觀，今推測此诗可能為張雨在玄洲精舍中所寫的題畫诗。

2. 張雨（1283—1350）：又名張嗣真、張澤之，字伯雨，號貞居之，又號句曲外史，杭州人。元代诗文家、詞曲家、書畫家、茅山派道士。

3. 柴桑：叢刊本中誤作"紫桑"。

4. 金鄉：寸土寸金之地。

5. 媾：同"构"，本義是構思、思考，這裏指計較、算計。

6. 張東畬：張應均，字心傳（《吳門園墅文獻》作"星纏"），號東畬，蘇州人。清乾隆年間貢生，曾以四庫館謄錄身份出任瀘州州判。能文善畫，繪畫自成一家，曾于乾隆四十六年（1781）繪有《狮子林圖長卷》。陳克家有文《題東畬張翁〈狮子林圖長卷〉并序》，文中有"惲壽平臨摹倪雲林《狮子林圖》贈狮子林主持昰（chǎn）峰"的文字。

7.【按】"此從張東畬"至"應均"句，為徐立方補遺時所錄寫；據注釋1

可知,张应均所谓"得原圖題句",是指原图中张雨的题诗,抄录于此。

過獅林精舍

【明】陳則[1]

清境超塵俗[2],松龕映竹開。魚驚蟋影散[3],鳥聽鉢聲來。
梵像敷蓮座,禪宗問木杯[4]。山僧不慮世,白髮也毰毸[5]。

校注:

1. 陳則:字文度,元末明初苏州人,北郭十友之一。明洪武六年(1373)举任应天府治中,后擢户部侍郎、大同府同知、知府。钱谦益《列朝诗集》甲集前编卷11、朱存理《珊瑚木难》卷6、徐崧《百城烟水》卷3、张豫章《四朝诗·明诗》卷51,皆收录了此诗。

2. 塵俗:钱谦益《列朝诗集》中"俗"误作"格"。

3. 蟋:其他诸本中"蟋"皆作"幡",此处"蟋"字误。本句意思是鱼儿受到惊吓游走,激荡起的波纹使水中的幡影也零散了。

4. 木杯:即杯渡,佛教传说中有高僧以木杯渡水的故事。事见于《神僧传》中。

5. 毰毸:其他诸本皆作"毸毰"(péi sāi),本义是鸟儿张开翅羽飞舞的样子,这里指白发寺僧开朗活泼的样子。

元和徐德镕[1] 繕錄[2]。

校注:

1. 徐德镕:徐立方辑录时誊写之人。
2. 繕錄:誊写。

摹徐賁十二景圖

赵霆

《师子林纪胜集(含续集)》校注

師子林紀勝集補遺

《师子林纪胜集(含续集)》校注

師子林紀勝集補遺

師子林紀勝集補遺

指柏軒

《师子林纪胜集(含续集)》校注

師子林紀勝集補遺

《师子林纪胜集(含续集)》校注

赵霆摹十二景图跋记[1]

徐立方

向闻师林十二景，元徐幼文各绘一图，极为精妙。胡心耘博士[2]于数年前曾见明钱叔宝临幼文本，惟缺"含晖峯"一幅，赵君小帆为摹写一过，藏之箧中。今冬余为印月上人[3]校师林纪胜集，工竣，心耘将此图慫惠刊入，方以缺一为憾。適一日，黄君受益携一册见示[4]。展阅之，则幼文师林图真本也，内缺"立雪堂""卧云室"两幅，而"含晖峯"一幅则儼然在焉。因仍嘱赵君补足之，竟成全璧。翰墨胜缘[5]若由前定，急付手民[6]附入补遗卷内，俾[7]五百年之古蹟，皆得一一寓目云。

徐立方记。

校注：

1. 赵霆：亦即"赵君小帆"。【按】赵霆死于清同治三年（1864）五月太平军入侵苏城太湖村战乱中，被列入《元和县昭忠录姓名表》，其他不详。【按】"师子林图"为徐绍乾所题写。徐绍乾，吴县庠生，死于清同治三年五月太平军入侵城太湖村战乱之际。此节文字是徐立方为赵霆临摹徐贲十二景图所写跋记。原文无标题，此处标题为本校注所添加。

2. 胡心耘博士：即胡珽（1822—1861），字心耘，浙江杭州人，寓居苏州定慧寺巷。晚清著名校勘学家、藏书家，官至太常博士。胡珽喜收宋、元善本古籍，常常亲自抄录、校对，并建"琳琅秘室"专藏宋元善本。

3. 印月上人：《狮子林纪胜续集》中作"映月"，即清咸丰年间狮子林住持杲朗。

4. 黄君受益：黄谦，字受益，昆山人，清同治年间太学生。其父为咸丰间太学生黄尚功。见示：给我看。

5. 胜缘：佛教语，即善缘，非常巧合的良缘。

6. 手民：古时仅指木工，后指雕板印刷中刊刻和排字的工人。

7. 俾(bǐ):使。

元和赵霆摹圖[1]。

校注：

1. 摹圖:临摹。

師子林紀勝集校勘記
杲朗

余藏是書二十餘年，今冬始假琳琅主人[2]排字板刷印若干部，偶有誤處。經徐稼甫徵君用小紅字校正於旁，復以士禮居黄氏藏本校勘一過，異同處較勝此本，余別疏為札記如左。

丁巳[3]仲冬，住持釋杲朗識[4]。

校注：

1. 此为狮子林住持杲朗亲手校对后撰写的记录，校本为黄丕烈藏本，参校了《苏州府志》。
2. 琳琅主人:出版书籍的人。【按】前文当为"琳琅秘室"主人胡心耘。清代皇宫中专门收藏宋元本书籍的藏书室名为天禄琳琅。
3. 丁巳:即1857年,清咸丰七年,岁在丁巳。
4. 杲朗:即映月,又作印月,此间狮子林寺住持。

卷上
師子林菩提正宗寺記

請以是額也——"請"，黄本作"與"，《蘇州府志》所載同。

因山之有石——黄本無"之"字，《志》同。

是所為師子峰——"為"作"謂"，《志》同。

舊屋遺址——"址"作"墟"，《志》同。

狀如狻猊者不一——無"如"字，《志》同。

　　居地之大半——黃本無"之"字，《志》無"大"字。

　　問梅閣——"閣"作"閤"，後皆例此。按徐幼文畫圖亦作"閤"。

　　雖出天成——黃本"出"下有"於"字，《志》同。

　　實由智巧——"由"下有"乎"字，《志》作"于"。

　　必居其一於是矣——無"其"字。

　　舊有論述——"述"作"建"，《志》同。

　　剩錄若干——作"剩語若干卷"，《志》同。

　　吉安之永新人——無"安"字，《志》同。

　　十月癸未——"十"作"五"。按各本並同，唯《志》作"十"。

師子林記

　　居中最高——"高"下當有"者"字。

　　天目有巖號師子——"號"下當有"曰"字。

　　欽禪帥禪銘——"禪銘"上當有"坐"字。

立雪堂記

　　昔應國師——"應"上當有"普"字。

　　勘辯根研——"辯"作"辨"。

　　聞師道風——"聞"作"向"。

　　杜門掃卻——當作"卻掃"。

　　竊嘗諦觀——"諦"作"締"。

　　若非師——"若"作"自"。

　　恭承之意——"恭"當作"粂"。

　　要離出世間者——"離"當作"雖"。

詩題師子林簡天如和尚

　　荒苔洗雨痕——"雨"作"秋"。

　　要知天目下——"知"作"如"。

紀勝寓懷一首

老我欲歸——"老我"作"我老"。
短歌行為師子林賦
栖鳳亭前長笑時——"笑"當作"嘯"。
近律一首——"近"作"唐"。
師子林五言八詠
還記舊時否——"時"作"遊"。
立雪堂——按黃本,此題詩在玉鑑池詩後是也。
賦師子林長句一篇——黃本無此八字。以詩後"天如和尚上嗣"云云移此為題。
耳度乃邇式玉金——"邇"作"爾"。
師子林八首——黃本各詩標題如"師子峯""栖鳳亭"云云,無此總題。
蒼雪吹涼滿雨蓬——"蓬"作"篷"。
反覆禪機老趙州——"禪"作"神"。
莫著神鸞宿上頭——"神"作"祥"。
讀遂昌鄭先生師林佳什——作"讀明德先生"云云。
虛空無夢覺——"虛"當作"慮"。
夏日過天如禪師竹院
發來者之清悟——"發"上有"以"字。
師林八景——黃本此總題,後每詩標題。
去衲露玄機——"去"當作"老"。
師子林即景十四首
樹根蛙鼓鳴殘雨,恍惚南山水落聲——"蛙"作"瓦",瓦鼓,猶今瓦鼓墩也。"落"作"樂",今西湖南山有水樂洞。
烏鵲爭巢——"烏"作"鴉",徐幼文圖錄此詩作"野"。
白晝同雲——一本作"彤雲",黃本作"雲陰"。

卷下
師子林圖序

　　水中龍力大——"水"下當有"行"字。

　　攝伏羣邪——"攝"作"懾"。下同。

　　非假攝伏而為——"為"下當有"也"字。

　　姑以遇世紛——"遇"當作"過"。

　　至正癸卯睢陽——黃本作"至正二十三年,歲在癸卯,重陽日,老睢陽山人"。

師子林十二詠序

　　山水之靈壤者——"山水"上當有"占"字。

　　靈臺傑閣——"靈"黃本作"穹",《甝藻集》作"靈"。

　　蓁蕪——"蓁"作"榛",《集》同。

　　身心攫擾攘——"攫"字"衍",黃本及《集》並無。

　　周覽邱池——《集》作"邱麓"。

　　不得不詠,不得不編——黃本"不詠""不編"上並有"而"字,《集》無。

　　日暮澹忘歸——"澹",《青邱詩集》作"憺"。

　　四更棲烏驚——"烏"黃本作"鳥",《青邱詩集》同。

　　正在雲峯闕——"闕"作"缺",下同。

　　石勢鬱嶇嶮——"嶮"當作"嶔"。

　　清風逼叢林——"風"作"氣"。

　　靜聞棲雅警——"雅"作"鵲"。

　　端如渡石橋——"如"集作"知","渡"《集》作"度"。

　　渴飲垂虹澗——"虹"作"綠"。

　　經過履須屐——"履"作"屐"。

　　結茅葺琳趺——"葺"作"蔭",《青邱詩集》同。

　　萬箇竹脩脩——作"脩脩"。

　　秋聲昨夜來——作"秋聲夜來起"。

孰能免僵立——"立"作"踣"。

兀坐夜迢迢——按錢叔寶臨師子林圖錄此詩作"兀立"。

指柏軒——黃本在《問梅閣》後。

人來問不應——"應"作"膺",《集》作"應"。

老骨耐撐住——"住"作"拄"。

此柏佛性全——作"此柏具佛性"。

天寒神自王——"自"作"獨"。

更除荷芰影——"影"作"葉",《集》作"影"。

微波色清熒——"微"作"徵"。

波動覺秋風——按徐幼文畫圖錄此詩"秋"作"生"。

師子林十四詠——黃本無總題,各詩標題曰《師子峯》《含暉峯》《吐月峯》《立玉峯》《禪窩》《繙經臺》《小飛虹》《竹谷》《立雪堂》《臥雲室》《指柏軒》《問梅閣》《玉鑑池》《冰壺井》。

嵌空纔一竇——作"空嵌"。

師子林三十韻

風籟冷雙徑——"冷"當作"吟"。

屧響睡龐鷟——"龐"當作"龙"。

篆煙重翳恍——"恍"當作"幌"。

僧出齋房淨——"淨"當作"靜"。

暮境人屢過——"暮"當作"慕"。

師子林池上觀魚

波平吸見痕——"吸"作"沒",《集》同。按徐幼文圖錄此詩亦作"沒"。

乍探驚還逸——"探"作"深",徐圖同。

與王徵士訪李鍊師遂同過師子林尋因公

紺園閟清香——"閟"黃本及《集》並作"閱"。

山林復在念——"復"當作"久"。

妙契久相忘——"久"當作"宜"。

過師林蘭若——黃本作"七月廿七日過東郭師子林"云云。此詩以下,黃本次敘前後互異。

遊師子林次倪雲林韻

吟策頻入院——《青邱詩集》與此同,黃本作"經院行屢到"。

尋幽到深處——"到"作"度",《集》作"到"。

鐘動暮催還——"暮"作"莫",《集》同。

臘月四日——黃本作"癸丑歲十二月初四日"。

題顧定之竹為如海上人——作"為如海上人題顧定之竹"。

師子林圖跋(二)、(三)

用寫圖意——作"用圖寫意"。

今口菴上人——按徐圖當是"簡菴"。

眞若隔世事——徐圖無"眞"字。

時永樂——無"時"字。

三月望日——無"望日"二字。

師子林紀勝續集

師子林紀勝續集目錄

序
卷首
　　宸翰
　　圖【附跋】
卷上
　　碑記六首
卷中
　　賦一首
　　古今體詩四十一首
卷下
　　古今體詩八十五首
　　詞四闋

序

徐立方

　　《師子林紀勝集》二卷,為東吳小癡顧渚茶山氏手鈔本,士禮居黃復翁[1]購得收藏,向未梓行[2]。先君子[3]夢蓮居士曾借鈔一帙,竝錄[4]副本交師林丈室映月。曰:"此係寺中掌故,其臧之毋失。"此二十年前事也[5]。丙辰[6]初夏,映月上人在寺傳戒,方[7]屢往瞻仰。一日上人出是集,屬為校正,意欲鏤版[8]。當即携歸,商諸琳瑯主人,向借士禮居原本互相參校。因念是集俱係元明人著作,我朝翠華屢幸[9],天藻頻頒[10],名人碑記題詠亦復不少,爰[11]敬謹恭,錄御製詩章扁額。竝裒集[12]碑記及已往名家題詠,為續集四卷。其有元明人著作為前集所未收者,則為補遺,坿[13]於前集之後。映公見而可之[14],出淨資合刊行世[15]。惟題詠散見各家集中,茲所采錄,窮數月之力,共得百餘首,罣漏[16]之譏,知所不免,海內諸公如有遺集蒐及[17],尚望寄示以俟補入[18]。

　　咸豐七年歲次丁巳[19]仲春之月,吳郡徐立方記。

校注:

1. 黃復翁:即黃丕烈。
2. 梓行:刻印刊行。
3. 先君子:即先父,对已故父亲的称呼。
4. 竝錄:复制抄录。
5. 【按】杲朗在《师子林纪胜集·校勘记》中说"余藏是书二十馀年",由此处序文可知,杲朗所藏抄本原为徐立方之父梦莲居士抄录黄丕烈士礼居本的副本。
6. 丙辰:即1856年,清咸丰六年,岁在丙辰。
7. 方:即徐立方。

8. 鋟版：刻版刊印。

9. 翠華屢幸：天子圣驾多次临幸这里。屡幸，多次临幸。

10. 天藻：本义是指天神书写的文章，这里指天子的诗文。頻頒：多次颁赐。

11. 爰：于是。

12. 裒（póu）集：辑录汇编。

13. 坿：同"附"。

14. 可之：认为可行。

15. 凈：同"净"。

16. 罣（guà）漏：挂一漏万。罣，同"挂"。

17. 蒐（sōu）及：搜罗触及。蒐，同"搜"。

18. 以俟補入：以备今后补录其中。

19. 咸豐七年歲次丁巳：即1857年，岁在丁巳。

師子林紀勝續集卷首

宸翰

御製（康熙帝書寺額與對聯）

玄　烨

聖祖仁皇帝四十二年[1]，賜"師林寺"三字額，并對聯：
　　　　茗澗春泉滿，羅軒夜月罾。

校注：

1. 聖祖仁皇帝四十二年：清康熙四十二年，即1703年。

高宗純皇帝丁丑年[1]南巡，御書師子林匾"鏡智圓照"[2]、御製遊師子林詩

弘　历

早知師子林，傳自倪高士。[3] 疑其藏幽谷，而宛居鬧市。
肯構[4]惜無人，久屬他氏矣【今為黃氏涉園】。手蹟[5]藏石渠，不亡賴有此【石渠寶笈舊藏有《師子林圖》，為倪高士真蹟】。
詎可[6]失目前，大吏稱未飾【叶】。未飾乃本然，益當尋屐齒[7]。
假山似真山，仙凡异尺咫。松挂千年藤，池貯五湖水。
小亭真一笠，矮屋肩可掎[8]。緬[9]五百年前，良朋此萃止[10]。
澆花供佛鉢，瀹茗談元髓[11]。未擬泉石壽，泉石况半毀。
西望寒泉山[12]，趙氏遺舊址。亭臺乃一新，高下煥朱紫。

121

何幸何不幸,誰為剖其旨。似覺凡夫云,慙媿¹³雲林子。

校注:

1. 高宗純皇帝丁丑年:1757年,即清乾隆二十二年,岁在丁丑,乾隆皇帝第一次驾临狮子林。

2. 鏡智圓照:即大圆镜智,意思是洞明一切的清净真智。

3. 这里乾隆帝根据传世的倪云林《狮子林图》,误判狮子林就是倪云林家的清闷阁。

4. 肯構:即营缮、造房屋。典出《尚书·大诰》:"若考作室,既底法。厥子乃弗肯堂,矧肯构?"

5. 手蹟:手迹。

6. 詎可:岂可。

7. 尋屐齒:追寻旧足迹。

8. 掎(jǐ):同"倚",支撑。

9. 緬:本义是指细丝,这里是细想的意思。

10. 萃止:聚集。

11. 元髓:即《元髓经》,一篇讨论阳宅风水吉凶的地理著作。

12. 寒泉山:指赵宦光的寒山别业,乾隆帝南巡曾多次临幸,尤属意其中的千尺雪,并在自己的皇家园林中进行了仿造。

13. 慙媿:惭愧。

高宗純皇帝壬午年¹南巡,賜題師林寺匾:畫禪寺²

弘 历

校注:

1. 高宗純皇帝壬午年:即1762年,清乾隆二十七年,岁在壬午,这是乾隆帝第二次驾临狮子林。

2.【按】乾隆帝特别喜爱所藏倪云林的《狮子林图》,"畫禪寺"之题名记录了其以画觅园的心愿、经历和机缘。

御製遊師子林詩[1]

弘 历

一樹一峯入畫意,幾灣幾曲遠塵心。
法王[2]善吼應如是,居士[3]高蹤宛可尋。
誰謂今時非昔日,端知城市有山林。
松風閣聽松風謖[4],絕勝滿街絲管音[5]。

校注:
1.此诗收录于《南巡盛典》及《御制诗集》中,皆作"游狮子林得句"。
2.法王:佛教中对释迦牟尼的尊称。
3.居士:指倪云林,此间乾隆依然认为狮子林就是倪云林的故居。
4.謖:这里指松树在风吹簌簌声响中清俊挺拔的样子。《世说新语》:"世目李元礼,谡谡如劲松下风。"
5.絲管音:松涛声音胜于满街的歌乐。这里诗意化自左思的诗歌《招隐》:"非必丝与竹,山水有清音。"

高宗純皇帝乙酉年[1]南巡,御書師子林匾:眞趣

弘 历

校注:
1.高宗純皇帝乙酉年:1765年,即清乾隆三十年,岁在乙酉,这是乾隆皇帝第三次驾临狮子林。

御製遊師子林即景雜詠三首

弘 历

城中佳處是師林,細雨輕風此首尋。
豈不居然坊市裏,致生邈爾濮濠心[1]。

眞樹[2]葢將千歲計,假山曾不倍尋[3]高。
雲林大隱畱芳躅[4],誰復輕言作者勞。

畫譜從來倪與黃[5],楚弓楚得[6]定何妨
【倪費師林今歸黃氏,故戲及之】。
庭前一片澄明水,曾照伊人此沐芳。

校注:

1. 致生:终老一生。邈爾:"邈"同"貌",模拟。濮濠心:这里用庄子濠上观鱼和濮水垂钓的故事,来表达对园林景境中超然脱俗精神的敬意。
2. 眞樹:与对句中的"假山"成对仗,本义是园林真实活着的古树。
3. 尋:古代中国使用的长度单位,一寻约等于今天的八尺。
4. 雲林大隱:即倪云林,至此乾隆帝依然认为狮子林就是倪云林故居。芳躅:前贤名流的遗迹。
5. 倪與黃:倪云林与黄公望。
6. 楚弓楚得:即"楚人失之,楚人得之",事见刘向《说苑·至公》。

御製再遊師子林作

弘 历

本擬行宮一日閒[1],念民瞻就策天閑[2]
【是日本欲駐蹕不出,以便民瞻就,故特命駕一遊師子林】。
審論龍井煙霞表[3],卻愛師林城市間[4]
【若論湖山佳景,則固遠遜龍井矣】。
古樹春來亦芳樹,假山歲久似真山。
小停適可言旋[5]耳,寓意非因暢陟攀[6]。

校注:

1. 閒:空閒。
2. 天閑:天子的車架。閑,马厩。《周礼·夏官·校人》:"天子十有二闲,马六种。"
3. 意思是说杭州西湖的自然山水更加美丽。
4. 意思是说狮子林城市山林的格局更令人喜爱。
5. 言旋:归去。
6. 暢陟攀:心情舒畅地游园登山。

御製師子林疊舊作韻

弘 历

每閱倪圖輒悅目,重來圖裏更怡心。[1]
曰溪曰壑皆臻趣[2],若徑若庭宛識尋。
足貌[3]伊人惟怪石,藉[4]如古意是喬林。

何堪摹卷當前展【壬午南巡,曾手摹倪元鎮《獅子林圖》,命弆藏林園。今復携倪卷來遊,相形之下,殊覺效顰不當,因並書於倪卷及摹圖中】,笑似雷門布鼓音⁵。

校注：

1. 清乾隆帝在这里误判了狮子林就是倪云林的故居清閟阁。
2. 臻趣：达到机趣的境地。臻，达到。
3. 貌：模拟。
4. 藉：借。
5. 雷門布鼓音：在雷门前击布鼓，比喻在行家里手面前卖弄本领。典出《汉书·王尊传》。

高宗純皇帝庚子年¹南巡,御製《師子林再疊舊作韻》

弘 历

山莊御園²雖圖貌【避暑山莊與御園均仿師子林,而數典實
自吳閶,是同是異,尚覺舊喻於新耳】,黃氏倪家久繫心。³
恰以金閶重蹕駐,可忘清閟一言尋【清閟閣在獅子林中】。⁴
畧看似矣彼新構,祗覺輸於此古林。⁵
壬午摹成長卷在,展聽松竹答清音。

校注：

1. 高宗純皇帝庚子年：1780年，即清乾隆四十五年，岁在庚子，这是乾隆皇帝第四次驾临狮子林。
2. 山莊御園：即避暑山庄中模仿狮子林营造的文园狮子林。《南巡盛典》与《御制诗集》中"园"皆作"苑"，行间小字亦自注为"苑"。
3. 乾隆帝至此依然认为狮子林即倪云林故居。
4. 乾隆帝在这里依然误判狮子林就是倪云林的故居清閟阁。
5. 这一联的意思是说，御园中新仿造的狮子林略看与此园貌似很像，细

看下来觉得还是不如这个旧园林好。

高宗純皇帝甲辰年[1]南巡,御製《師子林三疊舊作韻》

弘 历

粉本石渠藏手蹟【倪瓚舊有《獅子林圖》,已入石渠寶笈,曾倣其筆意,重摹一本,弆藏吳中】,寫雖因手運因心。
眞山古樹有如此,勝日芳春可弗尋。
然豈耽哉斯灑灑[2],所堪嘉者彼林林。
出遊圖便民瞻就[3],寧為夾途絲管音[4]。

校注:

1. 高宗純皇帝甲辰年:1784年,即清乾隆四十九年,岁在甲辰,这是乾隆皇帝第五次驾临狮子林。
2. 耽哉:沉醉其中。灑灑:即洒洒,超脱自在的样子。
3. 圖便民瞻就:方便市民瞻仰皇帝龙颜。
4. 絲管音:皇帝出行仪仗队所奏的音乐。

圖【附跋】

師子林圖(題款)

徐紹乾[1]

咸豐丙辰冬,徐紹乾題。

校注:

1. 徐紹乾:苏州人,府学庠生,死难于太平军入吴的战乱中。

《师子林纪胜集(含续集)》校注

师子林图

咸丰丙辰冬

徐绍乾题

師子林紀勝續集

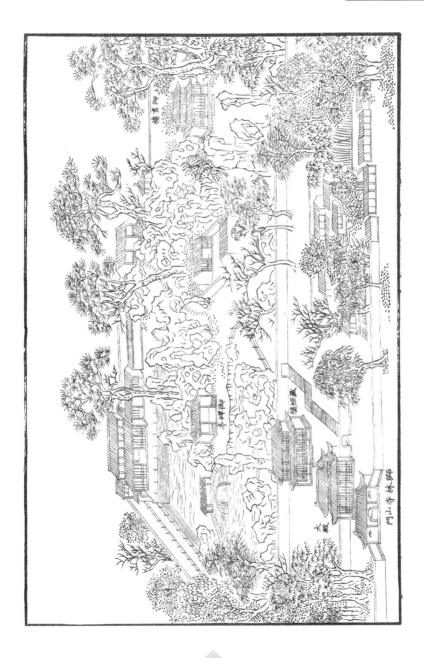

案師林圖倪高士真蹟久入內府惲壽平甌香館集畫跋云師林圖為迂翁晚年奇逸高妙之作予未得見今見石谷此意不求甚似而師林緬然可思真坐游於千載之上與迂翁別峯相見也又云幻霞有師子林清閟閣玉林瑯為顧仲瑛畫玉山卅堂曹知白另西林禪室皆稱墨林神品吾友石谷此圖當與古人後先標映並垂永久可知石谷亦有師林圖今無從購覓矣此圖凡南巡盛典中摹出不知臨誰氏本謹以存古蹟云爾

徐立方記

摹《南巡盛典·師子林圖》跋[1]

徐立方

　　案師林圖，倪高士真蹟，久入內府。惲壽平《甌香館集畫跋》云："《師林圖》為迂翁最奇逸高妙之作，予未得見[2]。今見石穀[3]此意，不求甚侶[4]，而師林緬然可思，真坐遊於千載之上，與迂翁別峰[5]相見也。"又云："幻霞[6]有《師子林》《清閟閣》，王叔朙為顧仲瑛畫《玉山艸堂》[7]，曹知白[8]有《西林禪室》，皆稱墨林神品。吾友石穀此圖，當與古人後先標映，竝[9]垂永久。"可知石穀亦有《師林圖》，今無從購覓[10]矣。此圖從《南巡盛典》中摹出，不知臨誰氏本，謹以存古蹟雲而。徐立方記。

校注：

1. 此則跋記原文為行草手抄本，標題系校注時所添加。其中所引惲壽平的跋語在其他多處典籍中被錄入，可相互參校。

2. 予未得見：清人秦祖永《畫學心印》卷五作"予未得見也"。陳玉圃編著《南田畫跋解讀》與此同。

3. 石穀：王翬（1632—1717），字石谷，號耕煙散人、劍門樵客、烏目山人、清暉老人，蘇州常熟人。清初著名畫家，與王鑒、王時敏、王原祁合稱"四王"。

4. 侶：相似。《畫學心印》卷5作"似"；《南田畫跋解讀》作"侶"。

5. 別峰：【按】《畫學心印》卷5與此同；今《南田畫跋》及《南田畫跋解讀》中皆作"列峰"，解釋為"各立山頭，分庭抗禮之意"。

6. 幻霞：倪雲林號幻霞生。

7. 王叔朙：王蒙，字叔明，號黃鶴山樵、香光居士，吳興（今浙江湖州）人，元朝畫家。顧仲瑛：即顧德輝，蘇州昆山人，王蒙為其名園繪製《玉山草堂圖》。

8. 曹知白（1272—1355）：字又玄、貞素，號雲西，人稱貞素先生，松江華亭人。元代画家、藏书家。西林禅室,在松江,南宋古刹。曹知白、倪云林都曾绘有《西林禅室图》。

9. 竝:并。

10. 購覓(mì):购买、找寻。

師子林圖跋

徐承慶[1]【謝山】

乾隆癸丑,張東畬別駕為昷峯和尚作《師子林圖》而系以詩[2],潘榕皋農部[3]和其韻於後,余携之山右[4]。今年歸,遂以還諸,余與昷峯別二十有二年矣。余形容已老,而昷峯且童顏鶴貌,神明湛然[5]。昷峯去[6]畫禪寺已數載,今居聞思院[7],余猶未免為俗吏相,去遠矣[8]。昷峯,余族兄,他日歸田,策杖過訪,重披此卷,當再為跋識。更願作在家之阿難[9],聽如來說法。

張東畬別駕仿倪高士筆意[10],作《師子林圖》,裝成長卷,一時題詠甚多,久藏寺中。丙辰[11]夏,映月和尚[12]出以示余,因將卷中題句錄入兹集內,張圖未及摹刊。特將家[13]謝山刺史圖錄出坿於前圖之後,以志前輩翰墨緣云。立方識。

校注:

1. 徐承慶:字梦祥,自号谢山,清乾隆五十一年(1786)顺天府举人,精通小学,尤善长于文字学。徐承庆官至解州知州,故下文徐立方跋记中称其为"谢山刺史"。

2. 張東畬:张应均,字心传,号东畬,苏州人,前有详注。别驾:官名,不同时代所指不尽相同,通常为地方官的助手,如长史、通判、郡丞等。张东畬曾任四川泸州通判,故此处称其为别驾。方志中记载,张东畬曾绘《狮子林图》长卷。昷(chǎn)峯和尚:狮子林住持,与徐承庆为族兄弟。

3. 潘榕皋農部:即潘奕隽(1740—1830),又作潘奕儁、潘奕雋,字守愚,号榕皋,又号水云漫士、三松居士,晚号三松老人,苏州吴县人(祖籍徽州)。清乾隆三十四年(1769)己丑科进士,堂名三松堂、探梅阁、水云阁、归帆阁。潘奕隽曾任户部主事,故称农部。

4. 山右:山西位于太行山西侧,故又称山右。徐承庆曾长期在山西辗转多地任地方官。

5. 湛然:这里指神态安静、面貌健朗的样子。

6. 去:离开。

7. 闻思院:专门研究佛学的学术院所。

8. 去遠矣:相差太远了啊!

9. 在家之阿難:居住于家中而奉佛的信徒。

10. 【按】从此句到结尾"立方識",为徐立方抄录徐承庆跋文后所写的跋记。

11. 丙辰:1856年,即清咸丰六年,岁在丙辰。

12. 映月和尙:即杲朗。

13. 家:【按】此处"家"字后疑脱文"藏"字,当作"家藏"。

師子林紀勝續集卷上

元和徐立方稼甫輯[1]
住持釋杲朗映月參[2]
長洲汪世昭鐵心校[3]

校注：
1. 輯：辑录、录编。
2. 參：参与辑录。
3. 汪世昭：字铁心，苏州人，晚清藏书家，室名万卷山庄。校：校对。

碑記六首

敕賜聖恩古師林寺重建殿閣碑記

李　模[1]

　　竊惟道繇人興[2]，事緣時搆[3]。然精誠至則時運若移[4]，神感通則萬類咸應[5]。功成而人罔測，德讓而道彌尊，則余於日新陳居士徵之[6]。郡城東古剎有師子林寺，號菩提正宗，昔天如則[7]禪師之徒買地築室，奉師以居。時名公馮海粟[8]、倪雲林躬為擔瓦弄石、漉泥茀草[9]。寺中有奇峯，昂首奮迅，狀若師子，因以為名。後為有氣勢者割據，寺漸圮廢[10]。明神廟[11]時特頒龍藏，敕中使護送，併復故址、立梵閣，未竟厥事[12]。迄崇禎十五年[13]，日新自會稽來，閱藏三載，矢願[14]建閣貯經。會遭兵燹，遂寢。戊子[15]復來吳門，銳意經始，竭蹶星霜[16]；鳩工庀材[17]，悉本心匠。方五六年，經閣既成，大殿並峙，翬飛霞起，堅好殊特[18]，遠近來觀，詫為神斤鬼斧。

綜而論之,厥有七異。大江以南向鮮古柏,質勁而香,掄材[19]為最。今殿閣棟柱咸用是材,鬱成香林[20]。羅致之時,每見緣遘奇巧[21]。一異也。地仍故基,更加深築,洎[22]有磐石之安,以迄礲磚範瓦[23]。一秉精畫,無遺憾於毫髮。二異也。選匠石巨手輪扁[24]之流,俛首[25]而聽,指麾少[26]不如式,督令改作,了無怨嫌。三異也。畚土[27]運材半出鄉民,聞風感動裹糧[28]而前;口許相助斯會,呼召或不及此。[29]四異也。崇奉藏典如獲頭目[30],創鑄銅瓦窴罅維謹[31],將永無浥漏之虞[32]。五異也。吳越檀信如赴景響[33],初無持簿擊鐸之勞[34];近悅遠來,委輸輻輳[35]。六異也。一栭一榱,心力攸寄[36];竹頭木屑,綜理罔遺[37],而神氣閒澹[38],客至清譚[39],無拮据矜張之迹[40]。七異也。

嗟夫!物情雲幻[41],法門秋晚[42]。又時方彫赼[43],動成囂阻[44]。居士苦心獨運,密與天行[45],且歷疑謗而不驚[46],值困詘而轉厲[47],數載勤毖[48],宛如一日。蓋居士以篤厚為基,以敬慎為垣,以精進為棟宇,以赤心白意為丹堊,以忍辱戒行為莊嚴。[49]故其基也厚,其垣也堅,其棟宇也壯,而飭其丹堊也潔,而麗其莊嚴也樸而雅。雖師林舊觀尚待擴闢[50],而現在新模已足炳蔚[51]。來茲設自始事而懸策之[52],未有能思議其如是者[53]。豈非精誠之至,神感之通,有同土木於神并而天寺於唐述者哉[54]!

或曰,居士幼絕茹葷[55],童身離俗,色同嬰赤,跡類應化[56],殆兼未竟之願[57]現身於此,以故大顯佛事,機緣特異,豈[58]其然乎?第居士役成之後,彌撝謙抑[59],推之眾檀[60]而已,不居其功。爰立巨碣[61],以著姓氏,垂諸無窮,屬余為記。因不辭固陋,拜手而掞其畧[62]。居士名大賢,字日新,法名智海,紹興之會稽人,其與同願首倡以勞瘁致殞焉[63]。張君名士延,字仲明,蘇州之崑山人,竝[64]書而表之。

順治癸巳[65]中秋日,郡□□李模敬述,化中王祚綿書[66]。

校注:

1. 李模:字子木,号灌溪,苏州府吴县人,明天启五年(1625)进士。

2. 竊惟：个人私下认为。繇（yóu）：同"由"，起因。

3. 搆（gòu）：同"构"，完成。

4. 時運若移：时运好像也会转变得更好。

5. 萬類咸應：万物都好像会回应自己驱使。

6. 余於日新陳居士徵之：这些我从陈日新居士的身上得到了验证。日新陳居士，陈大贤，字日新，法名智海，绍兴会稽县人，明末曾住持狮子林。徵之，验证了这个道理。

7. 則：【按】"則"当作"维则"。

8. 馮海粟：冯子振（1253—1348），字海粟，自号怪怪道人，又号瀛州客，湖南湘乡人。元大德二年（1298）进士，著名书法家、散曲家、诗人。

9. 擔瓦弄石：担（挑）砖瓦、垒石头。擔：担。漉泥莿草：治理池沼和荒草。

10. 圯廢：荒废、废弃。圯（yí），当作"圮（pǐ）"。

11. 明神廟：即明神宗朱翊钧，敕颁龙藏和重建佛寺之事是在明万历二十年（1592）。

12. 未竟厥事：没有做完这件事情。竟，完成。厥，这。

13. 崇禎十五年：即1642年。

14. 矢願：立下心愿。

15. 戊子：1648年，即顺治五年，岁在戊子。

16. 竭蹶星霜：艰难操持，早出晚归。竭蹶，枯竭、尽力。

17. 鳩工庀（pǐ）材：招集工匠，准备材料。庀，准备、具备。

18. 堅好殊特：坚固美好，与众不同。

19. 掄（lún）材：选择木材。

20. 鬱成香林：香柏梁柱密集，大殿好似香木之林。鬱，茂盛的样子。香林，本义是充满芳香的花木之林，引申为禅林。

21. 每見緣遘（gòu）奇巧：每每遇见巧合的机缘。遘，相遇。

22. 洵：诚实，实在。

23. 礲磚（lóng zhuān）範瓦：制作水磨的砖石，选用尺寸标准的瓦。礲，同"砻"，打磨石头。

24. 輪扁：传说中技艺精湛的匠人。

25. 俛首：即"俯首"。

26. 少:即"稍"。

27. 畚(běn)土:搬运泥土。畚,用木、竹、铁片等材料做成的撮装器具。

28. 裹糗(qiǔ):自带干粮。糗,米或面等做成的熟干粮。

29. 囗許相助斯會,呼召或不及此:乡民们都是发自内心地自愿前来助力,号召也许都达不到这样的效果。【按】"囗"所缺文字疑为"心"字。

30. 崇奉藏典如獲(huò)頭目:珍视爱护典藏,就像爱护自己的眼睛和头颅一样。【按】"獲"(获)字讹误,当作"護"(护)。

31. 創鑄銅瓦宲(zhì)罅維謹:筑造盖瓦时对待每一条缝隙都很严谨。宲,堵住。罅,裂缝。

32. 浥(yì)漏之虞:漏水潮湿的隐患。

33. 吳越檀信如赴景響:吴越一带的信众密集前来(礼拜),如影随形一般响应。檀信,奉佛的善男信女。

34. 初無持簿擊鐸之勞:从一开始就不需要拿着记录本、摇着响铃,到各处去辛苦地化缘求施。

35. 近悅遠來,委輸輻輳:远近信众都很高兴地自发前来,主动向寺庙捐输施舍的人,犹如车条幅从四面八方向中心集中一样。

36. 一梠(lǚ)一椽,心力攸寄:心力关注到每一快梠版和每一根椽条。梠,用于使屋檐口连接椽条使之平齐的檐口板。攸,所。

37. 綜理周遺:全面打理安排,没有一点疏漏。

38. 神氣閒澹:精神和气色从容而平静。

39. 清譚:清谈。

40. 拮据矜張:憔悴窘迫、自负夸张的样子。

41. 雲幻:如云一样快速变幻。

42. 法門秋晚:佛门光景如深秋黄昏一般(逐渐衰微)。

43. 時方彫赹(lì):时运不济,多舛多难。彫,同"凋",凋零衰落之意。【按】"赹"字讹误,当作"劦"。

44. 動成囏(jiān)阻:每做一件事都充满艰难困阻。囏,同"艰"。阻,障碍、困阻。

45. 苦心獨運,密奥天行:煞费苦心去运作,密切地遵循自然规律来努力推进。

46. 歷疑謗而不驚:被人猜疑和诽谤的时候也不受惊扰。

47. 值困詘(qū)而轉屬：遇到困难和委屈也能再接再厉。詘，同"屈"，委屈。

48. 勤愍(bì)：勤劳。

49. 以篤厚為基：这里用建造房屋的工程来比喻陈日新复兴狮子林殿阁的过程。全句大意是陈日新以笃厚的人品来当作屋基，以敬业和审慎来当作围墙，把一心进取来当作屋宇，以赤胆忠心和纯洁至诚作为墙面的涂饰，以忍辱负重和恪守戒律当作佛寺的端庄与威严。

50. 擴闢：扩建与开创。

51. 炳蔚：本义指文采鲜明华美，这里指新建的殿阁华美庄严。

52. 來茲設自始事而懸策之：今后的进展如果自始至终都能像这样来预测推进。來茲，来年，今后。設，假设。懸策，预计，推测。

53. 未有能思議其如是者：没有人能想到当时的殿阁是这样(重建起来的)。

54. 有同土木於神并而天寺於唐述者哉：这就好像土木工程感动了神祇，有鬼神来协助成就上天之佛寺一样。唐述：鬼神的别称。

55. 幼絕茹葷：自幼戒绝吃肉、鱼等荤腥食物。

56. 跡類應化：行为犹如佛陀转世来教化众生。"跡"同"迹"，行迹、行为。應化，佛教语，指佛陀、菩萨的随宜化身借以教化众生。

57. 未竟之願：前世未了的心愿。

58. 亶(dǎn)：确实，诚然。

59. 彌撝謙抑：更加谦逊低调不张扬。撝(huī)，谦逊不张扬。

60. 眾檀：佛教语，信徒、信众。

61. 巨碣：巨大的石碑。

62. 拜手：古代一种表示恭敬的跪拜礼节，行礼时双膝跪下，两手拱合到地，头靠在手上。掞其畧：叙述事情的大略。掞，铺叙，展开。

63. 其與同願首倡以勞瘁致殞焉：他一同发愿(重建)并起首号召，后因劳累过度而殒命了。

64. 竝：并。

65. 順治癸巳：1653年，即清顺治十年，岁在癸巳。

66. □□：此处有二字脱文。化中王祚綿：化中，即教化之中的人。王祚綿，清初商水县贡生，隐居吴门，书法家，方志中记载此间苏州多处佛寺之碑钟幢柱上都有其手迹。

敕賜聖恩師林禪寺重建碑記

繆彤[1]

　　吳中嵯峨寶刹拔地倚天者，不可勝紀，師林寺其最著焉。自元朝天如禪師道場，名曰菩提正宗。後三百年，有清菴禪師[2]者卓錫寺中，謂名藍非得御頒法寶無以為鎮[3]。於是北走金門者有年，精誠格天，迺得肅皇太后頒錫龍藏[4]，特遣中貴馳傳至吳門[5]，丹黃金碧之飾巍煥[6]莊嚴，諸山耆宿越嶠裹糧背頂相望[7]，千載一時之盛。此前明神廟中年事也。後因歲月寖久[8]，日暄風披[9]，霜零露落，殿宇僧寮幾幾乎剝蝕[10]矣。法裔持白，偕嗣未分[11]，俱實心向道者也，謀所以鼎新之。而歲祲世薄，奈緣分淺[12]。隆起郡中紳衿檀護公啟[13]，固請日新居士來自東淛[14]，閱藏三載，矢願重建。材取其最良者，工取其拔萃者，經營劈畫，敲骨伐髓[15]，二十年來，心血為枯[16]。法眷仲明等負土運甎[17]，胼胝皴瘃[18]，各殫心力，不憚勞苦[19]，乃得落成。當年庀材鳩工，始終歲月，與夫種種稱異，詳載李侍御記中，茲不具論，吾獨謂夫居士之難。其人也，以野鶴閒身，悟徹大地山河如同泡影[20]，欲了一大事因緣，打滅塵勞[21]，脫出苦海，棄家擲產，佈粟施金[22]，不惜衣裏之珠[23]，成此無疆事業。始則現居士身而行頭陀行[24]，次則薙染入山脩治淨土[25]，此一段耿耿靈光，千百年後不可磨滅，能不令人瞻仰？江南精藍名刹多矣，規制之宏麗，裝飾之嚴整，無出其右。今山門無恙，寶閣崔巍，居士在地之靈，默有以呵護之者。予因以歎，凡事之興舉，各有其緣也。數十年頹落之招提，吳人之檀施[26]一無聞焉，乃得之越中一善士，豈非夙昔因緣所致哉？雖然，成必有壞，中有不可壞者，永存於天壤間，當與龍宮海藏彌亘千古而[27]。予於讀禮[28]之暇,應法屬[29]等之請,不辭而為之叙。

賜進士及第翰林院侍講加一級,庚戌會試同考官武科殿試收掌試卷奉旨管理誥敕,郡人念齊繆彤[30]謹譔,東靄韓煦[31]書并刊。

大清康熙十五年歲次丙辰仲冬吉旦立[32]。

校注:

1. 繆彤(1627—1697):字歌起,号念斋,别号双泉老人,吴县人。清康熙六年(1667)状元。

2. 清菴禪師:【按】江盈科《敕建重修狮子林圣恩寺记》,清菴禅师即僧明性,其于明万历十七年(1589)持钵赴京,求得圣敕重建狮子林。

3. 名藍:著名的佛寺(伽蓝)。御頒法寶:皇家颁赐的佛经、法器等。

4. 肅皇太后頒錫龍藏:指的是明万历二十年(1592)皇太后敕赐狮子林经书。

5. 中貴:太监、宦官。馳傳:骑着快马递送。

6. 巍焕:亦作"巍奂",盛大光明、高大辉煌的样子。

7. 諸山耆宿越嶠裹糧背項相望:各地有名望有学问的长老都带着干粮翻山越岭,一个接着一个地前来观瞻。

8. 寖(jìn)久:逐渐久远。"寖"同"浸"。

9. 日暄(xuān)風披:日晒风吹。暄,本义是炎热,这里作暴晒之意。

10. 殿宇僧寮幾幾乎剝蝕:大殿楼宇和僧侣宿舍的表面几乎因日晒风吹而快要朽坏了。幾幾,几乎。剝蝕,物质表面因风化而逐渐损坏。

11. 法裔持白,偕嗣未分:佛寺后继的僧徒们坚守清贫,没有因寺贫而离散。

12. 歲祲(jìn)世薄,奈緣分淺:年成不好,世情纤薄,信众们的佛缘也变浅了。

13. 隆起郡中紳衿檀護公啟:隆重地发起地方的退休官员和士子等有声望的人公开发布启事。檀護,佛教语,佛教中的护法与信众。公啟,公开发布启事。【按】此句句首处疑有脱文。

14. 東淛(zhè):浙东。淛,同"浙"。

15. 經營劈畫,敲骨伐髓:谋划建造,安装梁架、砍削榫卯。畫,同"划"。

16. 心血為枯:耗尽了精力。

17. 法眷:佛教语,指共同修行的道友。仲明:即李模记文中的"张君名士延,字仲明,苏州之昆山人"。甎(zhuán):同"砖"。

18. 胼胝皲瘃(pián zhī jūn zhú):手脚因长期辛苦劳作都磨出了老茧,出现了皲裂和冻疮。胼胝,手脚因长期劳动摩擦而生的厚茧。皲瘃,手足受冻皲裂,生冻疮。

19. 各殚心力,不惮劳苦:各尽心力,不怕劳苦。殚,竭尽。惮,怕、畏惧。

20. 泡影:比喻现象变化不定,毫无实体。《金刚般若波罗蜜经》:"一切有为法,如梦幻泡影。"

21. 打灭尘劳:佛教语,消除谓世俗事务的烦恼。

22. 棄家擲產,佈粟施金:离开了家庭,抛弃了产业,为重建佛寺捐献粮食和钱财。

23. 衣裏之珠:收藏在衣服最里层的珍珠,这里比喻特别珍爱的宝物。

24. 现居士身:(佛)化身居士的模样。行头陀行(xíng):履行佛教头陀僧侣应遵守的住空闲处、常乞食、着百衲衣等十二项苦行戒律。

25. 薙(tì)染入山:剃去头发,染成缁衣;进入山门,出家为僧。净土:佛教认为佛、菩萨等居住的世界没有尘世的污染,所以叫净土。

26. 檀施:施主。

27. 當與龍宮海藏(zàng)彌亘千古而:这就像大海龙宫立德宝藏历经千年依然完好不坏吧。龍宮海藏,大海龙宫中的宝藏。彌亘千古,绵延千载不衰败。而,当作"耳"。

28. 讀禮:古人称在家守丧丧居期间为读礼。

29. 法屬:僧众。

30. 東靄韓煦:韩煦,字敏功,号友林,长洲人,诸生,与其内室顾慧俱善书能吟,二人诗文多合刊成集。

31. 康熙十五年歲次丙辰仲冬吉旦立:1676年,即清康熙十五年,岁在丙辰。吉旦,吉日。

重修師子林敕名畫禪寺碑記[1]

彭啟豐[2]

在昔元至正間,有大德天如禪師者,得法於天目師子巖幻住和尚。已而,駐錫於蘇之東城,疊石為山,名曰師子林,識法原也。禪師既得教外別傳[3],復大宏淨土之教,作為[4]《或問》,以破羣疑而堅正信[5],斯真人天之寶筏,安養之導師矣[6]。禪師既示寂[7]後二百餘年,當明神宗朝,有住持僧清菴者,行腳至京師求頒龍藏,肅皇太后聞而賜之。當崇禎末,居士陳日新自會稽來,閱藏於此,首倡[8]建藏經閣,復搆大殿。又百餘年,常住如故而殿宇圮壞不治[9]。乾隆十三年杲徹上人來[10],住於此脩,念佛三昧,日夜勤懇,德聲普聞,四眾歸仰。於是重整大殿,聿新三門[11]。會聖駕南巡,親幸茲寺,敕名畫禪,復賜以內府新刊《大悲經》[12],而禪師墜緒[13]乃復振,惟上人之精誠有以自致乎此也[14]。居數年,上人示疾,以後事付監院宏通[15],面西正念,泊然[16]而逝。既而[17],宏通介里中徐翁宣初[18],述此寺修舉本末[19],而屬余為之記。

余惟佛說法方便多門,其教人橫截生死[20],速證涅盤[21]者,莫要於淨土一門經言從是[22]。西方過十萬億佛土,有世界曰極樂,其佛號阿彌陀[23],若有眾生願生彼國,持誦佛名,一心不亂,自一日以至七日皆得往生[24]。生彼國已,即得不退轉地,直至成佛。信斯言也,人亦何憚於淨土而不發往生之願乎?嗚呼!眾生無始以來[25],貪著形軀,繫戀食色[26],彼固以為生人之道宜爾[27]也。孰知此不淨之身本非實有[28],識風動,作妄生[29],欲愛以臭為香,以苦為樂,智者視之,無異蛣蜣之轉丸,蜉蝣之耀羽也[30]。如斯人者,又安知五濁[31]之外有淨土之可生乎?夫惟心濁故土濁[32],心淨故土淨。彼不信有淨土者,是不信有淨心也。不信有淨心者,其可謂之喪心[33]者矣。

上人既西歸,宏通能守其家法,六時禮誦無異往時。頃募建大悲閣[34],不踰年而觀成,其才有足多者[35]。予願宏通發宏誓願,攝諸眾生同歸極樂,庶幾淨土之教大昌於今日,以證明天,如《或問》之旨,豈非末法中一大事因緣也哉[36]!若夫護持法寶,莊嚴佛事,則固宏通所自具也,予無容贅言已。

乾隆三十五年[37]冬十一月,誥授光祿大夫致仕、經筵講官、兵部侍郎、前兵部尚書,長洲彭啟豐譔并書。

校注:

1. 此文見錄於清乾隆年間刻本的彭啟豐《芝庭詩文稿》卷四,历代方志亦有收录。

2. 彭啟豐(1701—1784):字翰文,号芝庭,又号香山老人,苏州人,清雍正五年(1727)狀元。

3. 教外別傳:佛教禅宗传法注重以心传心的法门,此法门不由经典教授,所以称为教外别传。

4. 作為:【按】"為"字疑为衍文。

5. 堅正信:佛教语,笃信正法之心。

6. 人天之寶筏,安養之導師:渡人去西天极乐世界的宝船,教授众生安心修行的导师。寶筏,佛教语,比喻引导众生渡过苦海到达彼岸的佛法。安養,佛教语,以安心养身、闻法修道,进入极乐世界。

7. 示寂:佛教中佛、菩萨、高僧的死亡为示寂。"寂"即圆寂,进入不再轮回的境界。

8. 首倡:《芝庭詩文稿》卷四中"倡"作"唱"。

9. 圮壞不治:【按】"圮(yí)"当作"圮(pǐ)"。圮壞,荒废,废弃。

10. 乾隆十三年:即1748年。【按】《芝庭詩文稿》卷四与府志中"三"皆作"二"。杲徹上人:《吴门补乘·巡典补》载,"释成注,字杲彻,专修净业,住持狮林寺。上南巡,幸其寺,敕名画禅"。《吴门补乘·艺文补》载,"释成注……字杲彻,姓郭,铜山(徐州)人,专脩净业,乾隆十二年(1747)住持苏州狮林寺"。

11. 聿新三门:把寺院大门修缮一新。聿,发语词,无实在意义。三门,本指空门、无相门与无作门,后泛指寺院的大门。

12.【按】赐名画禅寺在清乾隆十六年辛未,即1751年,乾隆第一次南巡,驾临狮子林。

13. 禪師墜緒:【按】"禪師墜緒"语义不通,疑"禅师"当作"禅寺"。墜绪,指失落的线头或湮没的源头。

14.【按】《芝庭诗文稿》卷四中无"惟上人之精诚有以自致乎此也"十三个字。

15. 後事:《芝庭诗文稿》卷四中"後"字误作"浚"。監院宏通:监院是一寺之监督,负责协助方丈管理寺院之事务,大寺可设几名监院。宏通,杲彻时狮子林监院。

16. 泊然:恬淡无欲的样子。

17. 既而:《芝庭诗文稿》卷四及方志中皆作"已而"。

18. 介:中介,这里使受人介绍的意思。里中:同一里弄之内。徐翁宣初:【按】徐翁生平不详,应当是介绍彭启丰为宏通撰写碑记的人;细审下文蒋元益记文,其中有"僊嵯徐翁為予之姻長",推测徐翁与蒋元益或有姻亲;另外,"宣初"与"仙嵯"音近,此处之"宣初"或本应作"仙嵯";另按,此间昆山徐氏有"仙嵯老人",其为徐映玉《南楼吟稿》写过一篇序文。

19. 述此寺修舉本末:方志中"此"字作"斯"。本末,事情的原委和经过。

20. 橫截生死:截断三界五趣生死轮回,从而到达往生于极乐世界的境地。

21. 速證涅盤:在很快的时间里就能证得修行的善果。

22. 經言從是:【按】清道光及同治年间刊刻的《苏州府志》中,这里皆有脱文与衍文,无"經言從是"至"而不發往生之願乎"这84个文字。另外,其间有衍文"而欲淨其土,先淨其心。隨其心淨,則佛土淨"。

23. 阿彌陀:佛教中所指西方极乐世界里最大的佛,也译作无量寿佛或无量光明佛。净土宗以阿弥陀佛为西方极乐世界的教主。

24. 往生:《芝庭诗文稿》卷四中"往"字误作"注"。

25. 眾生無始以來:万物众生没有开始的阶段,亦即太古时代。

26. 貪著(zhuó):贪恋。形軀:形骸,躯壳。繫戀:系恋。食色:美食与美色,泛指各种欲望。

27. 宜爾:本来就应该是这样子。

28. 不淨之身:因沉迷欲望而受到污浊的身躯,泛指不净行之身躯。本非實有:(躯壳)本来不是真实的所有。

29. 識風動,作妄生:只看到风动,作虚妄的想象与追求。此处典出惠能与神秀讨论是风动、旗动还是心动的故事。

30. 蛣蜣(jié qiāng)之轉丸,蜉蝣之耀羽:就像蛣蜣把粪土当作珍贵之宝,蜉蝣徒有华丽鲜亮的羽翅却即将命绝一样。蛣蜣,蜣螂,黑甲,翅在甲下,啖粪土,喜取粪作丸贮存以为食。蜉蝣,一种貌似蜻蜓却比蜻蜓小的昆虫,羽翅色彩鲜明夺目,生命周期比较短。

31. 五濁:五浊即大乘佛教在佛经中提出的劫浊、见浊、烦恼浊、众生浊、命浊。具有这五种众生生存状态的时空,谓之为五浊恶世。

32. 夫惟心濁故土濁:《芝庭诗文稿》卷四中"土"字误作"士"。

33. 喪心:丧失其善良的本心。

34. 頃:最近。募建:募资建造,《芝庭诗文稿》卷四中"建"字误作"逮"。

35. 其才有足多者:同治年刊刻《苏州府志》中,脱"才"字。

36. 末法:佛教语,指佛法衰微的时代。因緣:佛教语,指构成一切现象的因果关系,其中因指主因,缘谓辅助之缘。

37. 乾隆三十五年:即1770年。

畫禪寺碑記

蔣元益[1]

郡城東獅林古刹,元高僧維則所建也。則性嗜奇,蓄湖石多作狻猊狀,有臥雲室、立雪堂,前列奇峯怪石,突兀嵌空,俯仰萬變,九為茲寺擅勝地[2]。自元倪高士雲林繪圖誌盛,後迭更興廢數百年於茲矣,今上御極之[3]。丁卯歲[4],有僧杲徹自南徐卓錫於此[5],志氣清明,卓然為禪林秀。有志興脩,經營久之,惜緣寂不果[6]。法嗣宏通慨然引為己任,苦行積誠,感化樂輸[7],鳩工飭材[8],逾年遂竣厥事[9]。祇林崇聳,寶相莊嚴[10],規模更廓乎其舊。以故都人士踵相錯於道[11],遠方來遊者或一至再至曾不以為疲。

噫!杲徹未竟之志,非宏通克承衣盋[12],脩舉有力,成功能若斯之易易[13]耶?歲在辛未[14],聖天子南巡,賜名畫禪,旋頒御額,復邀敕賜內藏《大悲經》[15]。臨幸時詢建寺始末,記憶頗詳,悉知其胸中。無滯礙、大當事、選勝因[16],與來往有數數造其廬者[17],則其聰明識道理,實能外形骸[18]。於此亦可得其大凡矣[19]。予別宏通久,儴嵯徐翁[20]為予之姻長,知其有節,概喜談禪,與宏通作方外交[21],屬余記以誌其盛。予既嘉宏通善承師志,並喜同人之樂助,以襄厥成[22]也,是為記。

　　賜進士出身、誥授榮祿大夫兵部右侍郎加三級,蔣元益譔。
　　乾隆三十九年歲次甲午季秋穀旦立,吳縣鄒宗榮書[23]。

校注:

1. 蔣元益(1708—1788):字希元,一字漢卿,号时庵,苏州人。清乾隆十年(1745)中乙丑科会元(二甲第八名进士),选庶吉士,授编修。历任陕西道监察御史、山西学政、江西学政、兵部左侍郎、工部右侍郎。

2. 尤為:即尤为。擅:占有。勝地:景致优美之地。

3. 今上御極之:当今皇上驾临极大地抬高了此地的名望。

4. 丁卯歲:即1747年,清乾隆十二年,岁在丁卯。

5. 南徐:【按】杲徹籍贯为徐州,此处"南徐"当作"徐州"。"南徐"是镇江的别称。详见前文彭启丰所撰碑记之校注9。

6. 緣寂不果:临终也未能如愿完成重建工程。緣寂,因缘寂灭,这里指佛僧圆寂。不果,没有完成。

7. 感化樂輸:感化信众们自愿向佛寺捐输供养。樂輸,自愿输纳。

8. 鳩工飭(chì)材:聚集工匠,整治材料。

9. 逾年遂竣厥事:一年后即完成工程。厥事,这件事。

10. 寶相莊嚴:佛、菩萨的法相尊贵美好,令人肃然起敬。

11. 踵相錯於道:脚印在道路上纵横交错,比喻来参禅礼佛的人很多。

12. 克承衣盋(bō):能够继承(法师)的学问。克,能够。衣盋,衣钵。

盋,同"钵"。

13. 易易:很容易。

14. 辛未:1751年,即清乾隆十六年,岁在辛未。

15. 復邀敕賜內藏《大悲經》:【按】是年乾隆驾临狮子林,先书画禅寺额,后赐《大悲经》。邀,呈请。

16. 無滯礙、大當事、選勝因:胸怀坦荡、能当大任、好结善缘。大當事,把握大局的主事之人。勝因,即善因、善缘。

17. 與來往有數數造其廬者:有数个与其(杲彻)交往密切、频繁到访佛寺的人。这里所指应当就是徐仙嵯这样的人。

18. 則其聰明識道理,實能外形骸:这些人都是耳目聪慧、见识高明、悟道笃实,能够让心神超越到躯体之外(的人)。

19. 於此亦可得其大凡矣:以上这些可以简述杲彻和宏通善愿善行之大概了。大凡,大概。

20. 僊嵯徐翁:推测此徐翁就是前文彭启丰碑记中提到的介绍人"徐翁宣初"。

21. 方外交:即方外之友。方外,世俗之外。

22. 以襄厥成:以帮助他完成此事。襄,帮助,辅助。厥,他。

23. 乾隆三十九年:即1774年,岁在甲午。穀旦:良辰吉日,美好的日子。鄒宗榮:字资三,又作兹三,苏州人,清乾隆五十八年(1793)进士。

重脩畫禪寺大殿記[1]

潘奕雋[2]

元至正二年,高僧天如禪師於郡城之東北隅建師林佛刹,賜額菩提正宗寺。明洪武初,歸併承天能仁寺[3];嘉靖中為勢家所佔,止存彌陀[4]院;萬厯二十年奏請追復,敕賜聖恩寺。當崇禎末年,居士陳日新自會稽來,閱藏三載,倡建經閣,復搆大殿。本朝順治八年,又建脩之。乾隆十二年,住持僧杲徹禪師自南徐[5]來吳,卓錫於此,一時道德之隆,緇白咸仰[6],其徒宏通上人又重整之。高宗純皇帝南巡,親臨其地,賜名畫禪寺,迄於今蓋五十餘年矣。杲徹之曾孫峊峯之徒曰道林[7],見大殿之有朽蠹,無以垂永久也,曰:"是余之責也,夫俟其圮而建之,不若及其未圮[8]而撤之而重整之易為力也。"於是誓願積誠,節縮鉢貲[9]。會郡人錢君鴻輝法號明暹者[10],承母之志,首先捐貲。於是郡中士庶無不踴躍樂施[11],爭先恐後,爰[12]鳩工庀材,址仍其舊,規擴於前[13]。於嘉慶四年三月經始[14],而於五年四月落成,費白金五千兩有奇。道公告余曰:"此舉之所以成,惟居士錢君之力,都人士襄助[15]之功,願為文刊於石,以垂諸後。"余曰:"道公可謂志之篤者矣。"夫錢君與都人士出其資與力而不少遜[16]者,非道公[17]積其誠而能感動之歟?吾聞天下事圖之於其豫[18]則易為,力從其後而救之則常恐不及[19]。今道公視殿之稍有損壞,即奮志圖之[20],不使就圮。矢之以樸誠[21],持之以果確[22],不籲於眾而眾自集[23],所謂事半而功倍者歟,抑佛力之廣大有以護持之啟牖而能若是歟[24]。前此茲殿之脩,郡人李懽豀、繆歌起諸先生皆有記[25],余亦幸覯[26]是役之成,而并幸道公之獲遂其志[27],錢君之善承母志[28],都人士共矢其志,相與以有成。於是乎記。

　　賜進士出身、授奉政大夫、戶部貴州清吏司主事加二級,郡人潘奕雋譔。

　　賜進士及第、授朝議大夫、翰林院侍讀、雲南臨安府議叙晉階一級,丹徒王文治[29]書。

校注:

1. 嘉慶年間刻本潘奕雋《三松堂集》文集卷4,收錄了此文。

2. 潘奕雋:前文徐承慶《師子林圖跋》有詳注。

3. 明洪武初,歸併承天能仁寺:承天能仁寺在蘇州古城北之北甘節坊。明洪武年間,朱元璋曾對江南的寺廟進行過整合。吳寬《正覺寺記》說:"國朝二十五年,洪武詔清理釋教。"

4. 彌陀:即阿彌陀佛的簡稱,意譯為無量壽佛,與釋迦、藥師并稱三尊。

5. 南徐:【按】當作"徐州"。

6. 緇白咸仰:僧人和俗士都来瞻仰。緇指僧徒,白指俗人。

7. 曾孫:这里指法嗣。道林:下文作"道公"。【按】后文彭希濂《重修画禅寺大殿记》载:"道林名先松,浙江鄞县人。"

8. 圮(yí):【按】本文中的三处"圮"皆当作"圮"(pǐ),荒废、废弃的意思。

9. 誓願積誠,節縮鉢貲:发誓要积聚维修大殿的诚心,节约寺院的日常开销。

10. 錢君鴻輝法號明湮者:后文彭希濂《重修画禅寺大殿记》载,"钱君名鸿辉,字寶阶"。

11. 踴躍樂施:欢欣热烈,乐于布施。

12. 爰:于是。

13. 址仍其舊,規擴於前:大殿还建在原先的基址上,空间规模比原先的建筑有所增加。

14. 嘉慶四年三月經始:清嘉庆四年即1799年。經始,开始动工营建。

15. 襄助:辅助、帮助。

16. 不少遴:"遴"通"吝",吝啬。

17. 道公:《三松堂集》文集卷4中此处"道公"与下文中"今道公"皆作"道林"。

18. 豫:通"预",预先、事先。

19. 力從其後而救之則常恐不及:潘奕隽《三松堂集》文集卷4中无"常恐"二字。

20. 即奮志圖之:潘奕隽《三松堂集》文集卷4中无"即"字。奮志圖之:发奋而力图修复它。

21. 矢之以樸誠:以朴素忠诚的心情对此事发誓。矢,通"誓"。

22. 持之以果確:坚持必须达到预期的结果。

23. 不籲(yù)於眾而眾自集:没有呼吁信众,信众们却自发地聚集而来。籲,同"吁",号召、呼吁的意思。

24. 抑:或许。啟牖而能若是:事情简单的如同打开窗户就能办好一样,比喻举手之劳。

25. 李懽谿、繆歌起:原文在行间以小字自注"懽"作"灌",《三松堂集》文集卷4中亦作"灌"。李灌谿,李模,字灌溪。缪歌起,缪彤,字歌起。

26. 幸覯：有幸看见。覯，同"睹"。

27. 獲遂其志：获得完成他的心愿。遂，完成。【按】潘奕隽《三松堂集》文集卷4中句尾有"也"字。

28. 錢君之善承母志：【按】潘奕隽《三松堂集》文集卷4中无此句七个字，道光刻本《苏州府志》中"錢君"作"明暹"。

29. 王文治（1730—1802）：字禹卿，号梦楼，江苏丹徒人。乾隆二十五年（1760）庚辰科进士，清代著名书法家、诗人。

重修畫禪寺大殿記

彭希濂[1]

　　畫禪寺者，其先曰師子林，經始於元高僧天如，昌[2]於明之清菴及居士陳日新，寺碑載之詳矣。乾隆二十二年[3]，聖駕南巡臨幸，賜今名焉。時有寺僧杲徹脩大殿適成，先大父尚書公[4]為之記。杲徹示寂，其徒宏通能守之。宏通歿[5]又十餘年，椽桷有朽腐者[6]，甃石有剥蝕者[7]，戶牖有敧敗[8]者。其法曾孫道林能昌其教，立願募脩。計殿高若干丈，廣若干筵[9]，深若干步[10]，木石丹堊釭帶[11]之用若干數，資[12]人之力若干。工事繁且重，而道林不敢以為難。於是遠近之樂善者，皆感道林之誠，爭先佈施。郡人錢君奉其母夫人之命，捐金專力助之，遂集厥事[13]。

　　噫！世為浮屠之說能動人，故致力易而成功多[14]。夫名藍寶刹久而墟蕆[15]者不少矣，茲寺自元迄今且四百年，地居城市，非若高山大林、幽巖洞壑，足以恣遊觀、窮身阻，乃幾經興廢而梵宇金碧巋然長存，且屢遇翠華臨幸，賜經賜額，以垂永久於吳地中為勝游焉，葢守其教者有人而售[16]其法者有力也。彼為佛氏之徒，非誠實一心善守師法如道林者，何由感動善緣而大酬其願與[17]？抑非有崇信其教不求利益而好施若錢氏者，又安能迅集厥工[18]與？

150

佛事之盛衰,亦有幸不幸焉,豈真浮屠之致力易哉!

兹道林以殿之成,乞余為記,故為書之如此然。余讀尚書公之記[19],戒[20]宏通發誓願,昌淨土之教以繼其說,則佛氏之道更有進於此者。今舉以語道林,道林果其人否也[21]?道林,名先松,浙江鄞縣人。錢君名鴻輝,字寶階,母孫氏。其餘諸人之襄是役者,皆勒名於碑陰,兹不具書。

賜進士出身、誥授中憲大夫、刑部郎中兼翰林院編修、提督貴州學政,郡人彭希濂謹撰。

賜進士出身、誥授通議大夫、日講起居注官、翰林院侍讀學士,休寧汪滋畹[22]謹書。

校注:

1. 彭希濂:字溯周,号修田,苏州人,清乾隆四十九年(1784)甲辰科进士,祖父即清雍正五年(1727)丁未科状元彭启丰。

2. 昌:昌隆,这里指复兴、兴盛。

3.【按】此处所记时间有误,乾隆二十二年(1757)乾隆帝第一次南巡;乾隆帝南巡驾临狮子林并赐名画禅寺,当在乾隆二十七年(1762),第二次南巡途中。

4. 先大父尚书公:即彭启丰。大父,祖父。

5. 殁(mò):同"殁",死亡。

6. 椽桷(chuán jué)有朽腐者:椽子有腐朽的。椽桷,泛指椽子。椽,圆形椽。桷,方形椽。

7. 甃(zhòu)石有剥蚀者:砌筑的砖石有剥落残损的。【按】"刹"字当作"剥"。刹蚀,剥落残损。

8. 欹(yī)敗:倾斜朽烂。

9. 筵:竹席,这里以竹席面积为单位来计算大殿的平面面积。

10. 深若干步:进深有多少步。步,古代的长度单位,一步等于五尺。

11. 丹垩(è):指粉刷油漆。釭(gāng)带:古代宫室壁带上的环状金属装饰物。

12. 資:资费。

13. 遂集厥事:随即完成了这件事。集,完成。

14. 世為浮屠之說能動人,故致力易而成功多:世人认为佛教的说教能够打动人,所以投入财力更容易,且建成项目更多。

15. 墟薉(huì):废墟与荒草。薉,同"秽"。

16. 售:卖,这里指传播。

17. 大酬其願歟:实现其宏大的愿望。酬,实现。歟,同"欤",疑问语气词。

18. 迅集:迅速完成。厥工:这项工程。

19. 尚書公之記:即彭启丰的《重修師子林敕名畫禪寺碑記》。

20. 戒:告诫。

21. 道林果其人否也:道林是不是就是这个传承人呢?

22. 汪滋畹:字薰亭,号兰畲,晚年自号缓斋,安徽休宁人,乾隆五十四年(1789)己酉科进士。

師子林紀勝續集卷中

元和徐立方稼甫輯
住持釋杲朗映月參
長洲汪世昭鐵心校

賦一首

師子林賦【有序】

【長州】顧宗泰[1]【星橋】

《陸儼山集》[2]:師子林在吳城東北隅,本元僧維則之道場,最號奇勝。維則好聚奇石,類狻猊,故取佛語名菴。或云維則得法於本中峯,本時住天目之師子巖,葢以識授受之原也。《姑蘇新志》:維則字天如,姓譚氏,至正初人。[3]

猗祇林之勝地,擬梓澤之名園[4]。隔墻鐘梵聲聲,幽依別院;繞屋溪山疊疊,閒帶脩原。不同支遁荒菴,難尋鶴氅[5];詎等辟疆廢圃,并乏龍孫[6]。繪以為圖,粉本之流傳未歇;書之為記,清文之雕刻常存。葢其始也。

爰有高僧,樂脩淨土。悟道花城,譚經天宇[7]。靜照金蓮,閒揮玉麈[8]。適當津梁之疲,誰禮伽藍之主[9]。有法嗣以奉本師,築精廬而開幽圃。堂名立雪,龍象頻來。室號臥雲,煙霞是聚[10]。將參微意[11],落柏子於空庭;欲返清魂,交梅花於邃戶[12]。於是既招徒侶,亦集朋遊。馮海粟麗藻鴻裁,詞壇雄霸;倪雲林孤情芳躅,槃澗優游[13]。縱隱顯之差異,實臭味之相投[14]。咸工相度,並喜雕搜[15]。疏泉作沼,壘石為邱。玲瓏蹇嵯,映帶環周[16]。草綠縟而爭茂,木蔥蘢而相糾[17]。香英夾砌,晴莎被洲[18]。

爾其山石,則萬點攢羅,五峯挺秀。吐月則呈其珮環,昂霄則聳其肩胛[19];含輝則鬱鬱未舒[20],立玉則亭亭不仆。讓中央之師子,象西方之靈鷲[21]。宛自康居疏勒[22],白澤爭雄;如來烏弋條支[23],金光獨壽。其餘並擅瘦削,兼饒縐透[24]。乍疑天產,或訝神鏤[25]。激浪衝餘,驚濤嚙就[26]。篁借啼斑,玉畱血繡[27]。蘚蝕臥羊,藤纏困獸[28]。圓似岐陽之鼓,鐫鑿未加[29];屹如江浦之犀,突怒將鬥[30]。米顛之所急收,牛相之所難購[31]。誚艮嶽之太奢,哂鬱林之偏陋[32]。合厥嶄巖,成茲層岫[33]。徑曲折以縈紆,穴嵌空而穿漏。陟降者倦於躋攀,眺望者易於眩瞀[34]。

若其水泉,則澄泓澹蕩,淪漣渺瀰。摩詰輞川[35],風流媲美;司州印渚[36],煙景同奇。依稀濠濮之間,儵魚游泳[37];彷彿鏡湖之曲[38],菡萏紛披。架飛橋而高跨,宛飲虹之下垂。微波旁溢,餘潤潛滋[39]。百丈冰壺,寒侵心魄。一規玉鑑,朗照鬚眉[40]。合山水之靚深,寫景光於昏曉。出意匠以幽搜,帶禪窩而環繞。蒙密蕭條,娬娟窈窕[41]。從容綺靡,森梢窅窱[42]。

嗟雜植之蕃多,羨五松之清矯。屹立雲中,分干天表。影搖千尺,舞鱗鬣[43]以蒼茫。籟響半空,奏笙簧於杳渺[44]。寒經霜雪之交加,久任蔦蘿之低裊[45]。斯真元代之所遺,而為祇園之所少者也。

爾乃時經代謝,運際乘除[46]。寂寂蘭宮,不無隆替[47]。悠悠柰苑[48],亦有盈虛。叩金口而光遠[49],訪銀草以風疏[50]。將誰脩夫法界[51],深有慕於幽居。香散鸚林而縹緲,名畱鳳剎以躊躇[52]。幸逢聖上之時巡,爰寄幽懷於雲嶁[53]。揚翠羽以晨飛,出霜戈而曉錯[54]。天霞之仙逕非遙,松雨之清林可託。高巖日永[55],四空靄靄迎祥。深苑禽閒,庶物熙熙同樂。泉吟則萬籟俱和,石古則千堆欲躍。花舞衣簪,香迴邱壑。淑氣春濃,薰風絃作[56]。天顏為之歡愉[57],勝地頓忘寂寞。睿賞幸荷於一朝,嘉蹟永傳於六幕[58]。

歌曰:昔是金鋪地,今邀玉輦過[59]。鳥驚天仗密,蝶惹御香多[60]。豈為耽泉石,還同憶薜蘿。來遊歌泮渙,常得此卷阿[61]。

校注:

1. 顧宗泰:一名景泰,字景岳,号星桥、晓堂,苏州人。清乾隆四十年(1775)进士,师从沈德潜,室名月满楼。

2.《陆儼山集》:即明代陆深的《俨山集》。

3.【按】续修四库本的《月满楼文集》中,无此前序段落。

4. 猗:盛大而美好的样子。擬:草拟、拟写。梓澤:西晋石崇金谷园的别名。

5. 不同支遁荒菴,難尋鶴氅(cuì):支遁(314—366),俗姓关,字道林,世称支公,也称林公,别称支硎(xíng),陈留(今河南开封)人,或说河东林虑(今河南林县)人。东晋高僧、佛学家、文学家。鶴氅:鹤的羽毛。

6. 詎等:岂若。龍孫:一种生在山谷间的低而矮细的丛竹。

7. 花城:美丽的城市,这里指杭州。譚經:讲经说法。天宇:京都,这里指元大都。

8. 金蓮:指菩萨的莲花宝座。玉麈(zhǔ):麈柄、麈尾。

9. 適當:恰逢(某个时代、时运)。津梁:渡口和桥梁,比喻能起引导、过渡作用的事物或方法,这里指佛教渡人。禮:礼遇,尊重。

10. 煙霞是聚:【按】续修四库本《月满楼文集》与《历代词赋总汇·清代卷》,两书中"是"皆作"远"。

11. 參:参悟。微意:隐藏而精深的义意,这里指禅机、禅意。

12. 清魂:纯净的意念与纯洁的魂魄。交:结交。邃戶:幽深的门户。

13. 孤情芳躅:孤高傲岸的情怀与超凡脱俗的足迹。槃澗優遊:在江湖山林涧的环境里隐居漫游。

14. 隱顯:隐居与入世之间有所不同,这里分别指倪云林的归隐与冯海粟的入世。臭味:气味,这里指趣味相近,传闻有言冯、倪二人曾参与了狮子林初建的设计与施工。

15. 咸工相度,並喜雕搜:既都精于观察测度(规划布置),也喜欢(从艺术审美方面)刻意地修饰和美化。搜,通"鎪",雕镂花纹的意思。

16. 玲瓏蹇嵼(jiǎn chǎn),映带環周:小山石精巧而玲珑,大石头高峻而盘曲,呼应环列在四周。

17. 木葱蘢而相糾:【按】续修四库本的《月满楼文集》与《历代词赋总汇·清代卷》中,"葱蘢"皆作"蘢葱"。相糾,相互交错。

18. 香英:泛指香花。晴莎(suō):泛指美草。被:覆盖。

19. 聳其肩脰:高耸起肩膀和脖颈。肩脰,脖子、颈项。

20. 鬱鬱未舒:含蓄内敛而没有舒展开。

21. 靈鷲:山名,在古印度摩揭陀国王舍城东北,梵名耆阇崛。山中多鹫,故得名。也有人说是因为山形像鹫头而得名。传说如来曾在此讲经,故佛教以之为圣地,简称灵山或鹫峰。

22. 康居:古西域国名,在巴尔喀什湖与咸海之间。疏勒:古西域国名,在今新疆维吾尔自治区喀什市一带,即今疏勒县。

23. 烏弋:汉时西域国名,后泛指西方极远的国度。儵支:古西域条支国,约在今伊拉克境内。另外,唐代西域也有条支,地址约在今吉尔吉斯和哈萨克一带。

24. 其餘並擅瘦削,兼饒縐透:其余的山石也都兼有瘦、漏、透、皱等独特的风致。

25. 乍疑天產,或訝神鏤:(这些奇石)人们乍看会惊疑大自然的神奇创作力,也有人会讶异地认为这是鬼神雕镂的作品。

26. 激浪衝餘,驚濤嚙就:这是经历了惊涛骇浪的冲击和啮噬所造成的形态。

27. 筐借啼斑,玉壘血繡:【按】续修四库本的《月满楼文集》中"筐借"作"筠锁","留"作"衔"。竹中的斑竹,玉中的昌化石。

28. 薜蝕臥羊,藤纏困獸:【按】续修四库本的《月满楼文集》中"薜蝕"作"络蘿"。卧羊、困兽,都是指假山石头像卧羊、困兽的样子。

29. 岐陽之鼓:即宝鸡凤翔府出土的刻有籀文的十面石鼓,是中国最早的石刻诗文,被誉为篆书之祖。【按】《历代词赋总汇·清代卷》中"鑴"作"镌",同"镌"。鑴鑿(xī záo):雕凿、雕刻。

30. 突怒將鬥:盛怒而将要打斗的样子。

31. 米顛之所急收,牛相之所難購:这些奇石是米芾急切想收藏的,牛僧孺想要却难以买得到的。米、牛二人皆以喜爱奇石出名。

32. 誚(qiào)艮嶽之太奢,哂(shěn)鬱林之偏陋:责怪艮岳过于奢侈,讥笑陆绩的宅园过于偏僻简陋。誚,同"诮",责怪、责备。哂,讥笑。鬱林,三国时吴国大臣陆绩曾在鬱林任太守,以廉洁名动天下。

33. 合厥嶄巖(zhǎn yán),成兹層岫:合成这样高峻嶒峻的山崖和层峦叠嶂。

34. 陟降:登高和下降。躋攀:攀登。眩瞀(xuàn mào):眼睛昏花看不清。

35. 摩詰輞川:王维的辋川别业。

36. 司州印渚:《世说新语·言语》载,"王司州至吴兴印渚,叹曰:'非唯使人情开涤,亦觉日月清朗。'"

37. 濠濮:《庄子》中濠上观鱼与濮水垂钓的典故。鯈(tiáo):古同"鲦",即白鲦。

38. 鏡湖之曲:亦即镜湖一曲。贺知章籍里为杭州萧山,其暮年退隐归后,唐玄宗曾诏赐镜湖剡川一曲。

39. 潛(qián)滋:悄悄地滋长浸润。潛,同"潜"。

40. 一規玉鑑,朗照鬚眉:玉鉴池如一面圆镜,清澈地照映着人的容颜。

41. 蒙密蕭條,嫂(sǎo)娟窈窕:草木或是茂密,或是萧条;峰石或是姿态美好,或是幽静深邃。【按】"嫂"同"嫂",此处句义不通,"嫂"当为"嬋"字,指婵娟、姿态美好的样子。

42. 窅窱(jiǎo tiǎo):亦作"窅(yǎo)窱""窈窱",深远的样子。

43. 鱗鬣:指龙的鳞片和鬣毛,代指鱼、龙,也常用来比喻松树。

44. 籟響:乐音响起。籟:本义是古代一种管乐器,后泛指音乐。杳渺:悠远渺茫的样子。

45. 蔦蘿(niǎo luó)之裊裊(niǎo):蔦蘿,松萝。裊,摇曳摆动的样子。

46. 運際乘除:时运的昌盛与衰落。

47. 隆替:兴衰。

48. 柰(nài)苑:释迦牟尼佛说法圣地之一,即毗耶离庵罗树园。

49. 口金口而光遠:【按】续修四库本的《月满楼文集》与《历代词赋总汇·清代卷》中,皆作"攬金雲而光遠"。

50. 訪銀草以風疏:【按】"疏"在续修四库本的《月满楼文集》与《历代词赋总汇·清代卷》中,皆作"疎"。

51. 法界:佛教语,泛指世界。"法"为宇宙万物运行的规则,"界"为分类边界。

52. 鸚林:本义是鹦鹉聚集的树林,常被用来借指禅林坐落之处。鳳剎:指寺庙或佛塔。

53. 雲崿:高耸入云的山崖。

54. 揚翠羽以晨飛,出霜戈而曉錯:翠羽、霜戈,皆为皇帝出行时的仪仗。

55. 日永:漫长的白昼。

56. 絃(xián)作:音乐响起。絃,同"弦"。

57. 天顏為之歡愉:龙颜大悦。【按】"歡"在续修四库本的《月满楼文集》与《历代词赋总汇·清代卷》中,皆作"懽"。

58. 睿賞:睿智明哲地鉴赏。嘉蹟:美好的足迹。六幕:指天地四方,即宇宙。

59. 金鋪:本义是金饰的铺首、门环,后引申为美好的门户。玉輦:天子的车驾,因为用玉为饰,故作玉輦。

60. 天仗:天子的仪仗。【按】"蝶"在续修四库本的《月满楼文集》中作"雲"。

61. 泮渙:本义指水融解、涣散,引申为自由放纵无拘束。卷阿:《诗经·大雅》中的诗章,本义指蜿蜒的山陵,诗序认为是勉戒成王求贤用能之意。

古今體詩四十一首

師子林【聯句】[1]

【秀水】朱彝尊【錫鬯】[2]

句吳之門，曰葑曰婁【寶坻王煃紫詮】[3]。猗彼師林，在城東陬【長洲文點與也】[4]。

或柅其車，或繫之舟【吳縣金侃亦陶】[5]。有菀者松，有豐者蓩【吳江潘耒次耕】[6]。

有峯有岫，有碉有湫【吳縣周靖牧齋】[7]。降觀深窟，忽焉崇邱【朱】。

空嵌乖合，莫知其由【吳縣周旦麟漢紹】[8]。巨者狻猊，小類獿獀【長洲張士俊籀三】[9]。

或偃其背，或昂其頭【吳縣陸漻其清】[10]。臥紫絲毯，戲黃金毬【嘉定張大受日容】[11]。

攫網爪利，鬣鬖髦髟【長洲顧嗣立俠君】[12]其眸土眯，厥尾棘鉤【崑山徐昂發大臨】[13]。

古苔疣瘢，細泉泡溲【秀水朱甫田襲遠】[14]。音生地籟，乳滴山麂【江陵釋元祚木文】[15]。

勇賈踸踔，氣竭噓咻【嘉定張士埼天申】[16]孫孫子子，小大挽摟【華亭高不騫查客】[17]。

引之棧閣，錮以鐵鏐[18]【煃】。詎愁飈拔[19]，不慮貪偷【點】。

筍有僧伽，營此夷猶【侃】[20]。碑題至正，作者危歐[21]【耒】。

青蓮華界，十友[22]傾投【靖】。北郭徐賁，繪圖以酉【朱】。

曁逃虛子，賦詩迭酬【旦麟】。日月逾邁[23]，經三百秋【士俊】。

之子卜宅，宛在中洲【漻】。寫心求友，結珮綢繆[24]【大受】。

舍爾鐘魚，翩我舭簹【嗣立】。[25]維時仲春，風和日柔【昂發】。

江梅白脱,蘭草青抽【甫田】。池浮舒雁,屋拂鳴鳩【元祚】。
纖鱗鱍鱍[26],叢竹修修【士琦】。載詠載歌,聊以忘憂【不骞】。

校注:

1.【按】清康熙四十一年(1702),岁在壬午,三月三日上巳节当天,狮子林主人张籥三邀请当时名流群贤于狮子林雅集,与会者有朱彝尊、王煐、文点、金侃、潘耒、周靖、周旦龄、陆澐、张大受、顾嗣立、徐昂发、朱甫田、释元祚、张士琦、高不骞、赵执信、毛金凤、李绂等数十人,其间众道友分韵赋诗、吟诗联句,颇有会稽兰亭魏晋风流之意。

2.朱彝尊(1629—1709):字锡鬯(chàng),号竹垞,又号醳舫,晚号小长芦钓鱼师,别号金风亭长,浙江嘉兴人。清康熙十八年(1679)举博学鸿词科,著名词人、学者、藏书家。

3.王煐:字子千,号盘麓,又号紫诠,天津宝坻人,清康熙十七年(1678)举博学鸿儒。下文李果《师子林》诗后有详注。

4.文點(1633—1704):清代画家,字与也,号南云山樵,苏州人。文震孟孙,隐居竹坞,举国子博士,不就。父殁,依墓田而居,以卖书画为生。

5.金侃(1634—1703):字亦陶,苏州人,晚明著名学者、画家金俊明之子。工书画,能诗,杜门抄书,藏宋元秘本甚富,校雠亦精审。柅(nǐ):挡住车轮不使其转动的木块。

6.潘耒(1646—1708):字次耕,一字稼堂、南村,晚号止止居士,苏州人。清初著名学者,师事徐枋、顾炎武,博通经史、历算、音学,清康熙十八年(1679)举博学鸿词科。藏书室名遂初堂、大雅堂。菀:茂盛的样子。蓨(tiáo):一种根可以入药的草。

7.周靖:字敉甯(mǐ níng),清初苏州人,书法家,晚明著名反阉名流周顺昌之孙。

8.周旦龄:字汉绍,吴县人。清康熙四十七年(1708)岁贡,曾任潜山训导。

9.張士俊:字籥(yù)三,又字景尭,自号六浮阁主人。清初学者,苏州人,此间狮子林之园林为张氏父子所有。

10.陆澐(liáo):字其清,清初苏州人,著名藏书家,精通医术。

11.張大受(1660—1723):字日容,号匠门,祖籍嘉定,祖父时迁苏州。清初文人,少学师从朱彝尊,清康熙皇帝南巡时曾受诏至御舟赋诗,康熙四十八年(1709)进士,翰林、诗人、骈文家。卧紫丝毯,戏黄金毯:皆为描述狮子林假山山石的姿态。

12. 顾嗣立(1665—1722):字侠君,号闾丘,苏州人。清代学者,康熙五十一年(1712)进士,博学,喜藏书,尤工诗。攫緎(shā)爪利,鬑鬖(lán sān)髟髟(biāo):借指狮子林山石的各种奇形异态。緎,同"杀"。鬑鬖、髟髟:皆为毛发散乱下垂的样子。

13. 徐昂发:字大临,昆山人。清初学者,康熙三十九年(1700)进士,官至江西学政。

14. 朱甫田:字袭远,浙江嘉兴人,清初学者。泡溲:多而盛的样子。

15. 释元祚:字木文,沔阳(今湖北仙桃)人,有《鹤州诗钞》。山廋(sōu):即"廋",山隈、山角。

16. 张士琦:字天申,张大受之弟,贡生,曾官任永新知县。勇贾:即余勇可贾,比喻剩下的勇气和力量还很足,还有勇气可以使出来。蹍踔(chěn chuō):即趻踔,跛脚跳跃的样子。

17. 高不骞(1678—1764):字查客,又作槎客,松江人,晚号小湖、高层云子。清初学者,康熙南巡至松江,曾布衣受诏,官至翰林待诏。工诗赋,善书画,长于考据。

18. 鐵鏐(liú):铁和金。

19. 飚(biāo)拔:风暴大作。

20. 昔(xī)有僧伽,营此夷犹:昔:即"昔"。夷犹:也作"夷由",迟疑犹豫的样子。

21. 危欧:危素与欧阳玄。

22. 十友:高启、王行等北郭十友。

23. 逾遭:流逝。

24. 绸缪(chóu móu):紧密缠缚的样子。

25. 钟鱼:寺院用来撞钟的鱼形木头,借指钟、钟声。觥筹:酒器和酒令筹。

26. 鱍鱍(bō):鱼儿鲜活跳跃的样子。

師子林贈主人張籲三[1]

【青州】趙執信【飴山】[2]

高亭擅一邱,怪石擁四面。坐疑夏雲起,顧覺秋山亂。
初窺惟谽谺[3],漸歷有登踐。區分碉礨成,徑紆尺咫變。
深洞轉地中,飛梁出簷畔。前行鳥投巢,後至犹緣棧[4]。
峯巒入衣袖,松桂吹霜霰。猶被元時苔,復充目前玩。
我本巖穴士,繭足[5]攀躋慣。羨爾市廛居,閉門恣幽竄[6]。

校注:

1. 赵执信《因园集》中收录了此诗,诗题中"籲三"后有"士俊"二字。
2. 趙執信(1662—1744):字伸符,号秋谷,晚号饴山老人、知如老人,山东省淄博市博山人。清代著名学者,康熙十八年(1679)进士,诗人、诗论家、书法家。
3. 谽谺(hān xiā):山石险峻、山谷空旷的样子。
4. 犹(yòu)緣棧:猴子攀爬的栈道。
5. 繭(jiǎn)足:被磨出老茧的脚。繭,即"茧"。
6. 幽竄(cuàn):幽游。竄,同"窜"。

過師林寺志感[1]

張大純[2]

當日天如至,拈花道最尊。禪窩穿月窟,法座駐雲根[3]。
莫怪飛虹小,如何玉鑑昏。殘僧隨廢圯,依舊作鄰園[4]。

校注：

1. 志感：记录感怀。
2. 張大純（1637—1702）：字文一，号松斋，清代苏州人，张大受之兄。编著有方志文献《采风类记》，与吴江人徐崧合编有《百城烟水》。
3. 雲根：本义是指洞壑之类的山云生升之处，引申为云游僧道歇脚之处，即寺观。
4. 鄰園：隔壁的园林。【按】可知此间狮子林之寺与园在空间所属上已经分离，其中园林主人为张籲三。

訥生訂遊師子林賦此卻寄[1]

韓騏【其貳】[2]

聞道師林六月寒[3]，蔽天喬木帶層巒。
橫披一幅雲林畫，四百年來總耐看。

十二圖[4]傳面面峯，粉牆橫列碧芙蓉。
未游早識游時事，滿地歌塵[5]隔院鐘【師子林，倪元鎮繪圖，徐幼文更繪十二圖，今久割爲富族園林，其前爲寺，屬僧】[6]。

校注：

1. 訥生：彭慰高，字讷生，苏州人，清道光癸卯举人，先后曾任国子监助教、浙江绍兴知府。卻寄：回寄，回信。
2. 韓騏：初名绳祖，字其武，号筠圃，晚号补瓢。清贡生，江苏吴县人。博览群籍，善诗，著有《补瓢集》。
3. 六月寒：指狮子林树木阴翳蔽日、洞壑潆洄，比较清凉。
4. 十二圖：指徐贲的《狮子林十二景图册》。
5. 歌塵：动听的歌声。典出刘向《别录》："汉兴以来，善雅歌者，鲁人虞公，发声清哀，盖动梁尘。"

6.【按】此处附注指明了狮子林寺园分离、前寺后园的空间布局。

壬午上巳師子林修禊分韻得"崇"字[1]

【吴江】潘耒【次耕】

夙心慕奇勝,萬里探孤筇[2]。窅知巖壑趣,近在高城中。
師林古名蹟,篇詠傳羣公。亭臺屢興廢,水石何清雄。
一地裂數園,締搆爭人工。[3]天巧落畸士[4],屋角藏千峯。
峯峯盡皴瘦,穴穴皆嵌空。長袖舞軒舉,介圭[5]植端崇。
離離笋解籜,獵獵旗翻風。[6]危崖屢側度[7],窈洞時旁通。
如行武夷曲,如入黃山谼。[8]山遊每獨往,快此多朋從。
佳辰值元巳,地主得仲容。[9]英彦畢來集,參差類賓鴻。[10]
或繙緗素袟,或撫蚴蟉松。[11]清言接亹亹,雅詠聞渢渢。[12]
而我獨矯步,窮披石玲瓏。[13]唐臣甲乙品,宋帝名爵封。[14]
榮華一轉眼,飄落荊榛叢。讓此萬玉骨[15],安棲匠門東。
文士餐秀色,逸民討幽蹤。吾衰思臥游,繪山響絲桐[16]。
何如一邱壑,攢簇華與嵩[17]。小山善招隱,桂白兼梨紅。
願偕北郭友,數訪青獅翁。[18]

校注:

1.【按】潘耒《遂初堂集》诗集卷15中收录了此诗,诗题为《师子林禊饮分得"崇"字》。【按】"上已"当作"上巳"。

2. 孤筇(qióng):一只竹杖,比喻孤旅。筇,一种可以做成手杖的竹子。

3. 一地裂數園,締搆爭人工:【按】可知狮子林此间早已寺园分离,且园林空间已经形成了园中园的布局。締搆:即缔构,经营创造。

4. 畸士:特立独行的脱俗之人。

5. 介圭:又作"介珪",大块的玉,这里指假山的峰石。

6. 籜(tuò)：包裹在竹笋上的皮壳。獵獵(liè)：大风吹动的声音。

7. 側度：侧身通过。

8. 武夷曲：武夷山有九曲溪，以风景绝胜为古今文人所称道。如：潘耒《遂初堂集》诗集卷15中作"似"。谾(hóng)：深涧、大谷。

9. 元巳：【按】"巳"当作"巳"。地主：主人，园主。仲容：古代相传高阳氏中八位有才德的人之一，这里泛指才俊。

10. 英彥：英俊之士，才智卓越的人。賓鴻：鸿雁。

11. 或繙緗素帙，或撫蚴蟉(yòu liào)松：繙：同"翻"。緗素：用以书写的浅黄色绢帛，这里指书卷、书籍。帙：用布帛制成书、画作品封套。蚴蟉：亦作"蚴虬"，本义是蛟龙曲折游动的样子，这里比喻树木盘曲纠结。

12. 清言：高雅的言论，清谈。亹(wěi)亹：本义是水流不断，这里指美好的谈论连续不断，使人忘记了疲倦。渢(féng)渢：很好听的风声或水声。

13. 矯：强壮有力。披：潘耒《遂初堂集》诗集卷15中作"搜"。

14. 唐臣：唐代的牛僧孺酷爱奇石，白居易为其撰写《太湖石记》。宋帝：宋徽宗赵佶曾对花石纲中的奇石封侯。

15. 萬玉骨：众多的奇石。

16. 繪山：宗炳画山水以备卧游的故事。響：响。絲桐：古代以桐制琴，这里以乐器代指音乐。

17. 攢簇：堆叠。華與嵩：华山和嵩山。

18. 北郭友：原指元末明初的北郭十友，这里代指雅集间的道友。青狮翁：指狮子林主人。【按】潘耒《遂初堂集》诗集卷15中"狮"作"螂"。

前題"分韻得'湍'字"

【吳縣】毛今鳳【敬銜】[1]

庭際數堆石,層疊成岡巒。穿穴徑逼窄,俯仰勢巑岏[2]。
昂首羣師蹲,氣象凌伏豻[3]。空嵌宛毬[4]抱,尖簇類鋒攢。
忽焉降若湫,忽焉升如岠[5]。伶俜力不憊[6],登者脚輕安。
孤松植其頂,石罅根曲蟠。修篁繞其側,虛亭枝檀欒[7]。
傳聞壨[8]元代,梵林創鉅觀。遙遙四百載,歷劫無雕刊[9]。
清河卜居止,搜剔磨疵瘢[10]。開軒當宏敞,十二朱闌干。
剷篠洗苔蘚,繚垣丐圬鏝[11]。不藉絲與竹,晨夕永盤桓[12]。
展轉愛友生,搴旗建詩壇。[13]入春恰喜晴,風花少蒙薆[14]。
會當戒浴辰,修禊時恐殫。華林標躚柳,洰溰詠秉蘭。[15]
水面欠茜裙,林邊有輕紈。[16]新荑既溶漾,綿羽亦控搏。[17]
卵色[18]幻天裝,雲藍跡未剜。寅朋雜少長,列坐無或讙[19]。
鴛湖最大雅,四座奉敦盤[20]。不辭執牛耳,揮灑弄柔翰。[21]
硬句盤冪兀,何減孟與韓。[22]嗜好本各異,世俗殊酸[23]酸。
相惜春過半,單袷[24]不怯寒,紅桃似酒醉,紛華已漫汗。
觴傳流水曲,兼味盈桮餐。[25]香錫入口美,寶瑟當筵彈。[26]
帽簷紅鞿韉,步障青琅玕。[27]諸子諧韶濩,匠門集鳳鸞。[28]
前輩示高躅,攀仰徒嗟嘆。寄懷在寥廓,命意傾肺肝。
好樂曾幾何,斜日落一竿。筆戰賈餘勇,蕑燭興未闌。[29]
不見蘭亭集,永和禮法寬。[30]詩成三十七[31],好句如彈丸。
茲遊數符合[32],今古同一看。流光悼迅駛,暢敘時所難。
觴詠繼羣賢,風雅迴狂瀾。鞭弭從詩老,努力非癃殘[33]。
徐考十二景,記載入稗官。質疑叩鐘鼓,瞢昧[34]釋疑團。

緬懷王逸少³⁵,仿佛晉衣冠。對之溴然³⁶解,免使蹈危湍。

校注:

1. 毛今鳳:字敬衔,又作锦衔,苏州人。清初文人,曾师从顾炎武。

2. 巑岏(cuán wán):高峻的山峰。

3. 伏羱(yuán):卧着的山羊。羱,一种大角山羊。

4. 毬:外表带毛的皮球。

5. 峘(huán):小山高于大山者为峘。

6. 伶俜(líng pīng):孤独无依。憊(bèi):疲惫。

7. 檀欒(luán):秀美的样子。

8. 壘:堆叠,这里指堆叠假山。

9. 雕刊:雕镂、刻画,这里指修饰、改变。

10. 疵瘢:瑕疵与疤痕,比喻缺陷。

11. 劚(zhú):刀斧鏨(zàn)锄之类的砍削工具,这里是用刀斧砍。圬鏝(wū màn):亦作"圬墁",指粉刷涂饰墙壁。

12. 盤桓:徘徊、逗留。

13. 愛友:具有深情厚谊的朋友。搴旗:举旗,树立旗帜。

14. 蒙霪:雨雾弥漫的样子。

15. 躤柳(jí liǔ):骑马射柳,古人的一种骑术训练。洧滨詠秉蘭:洧水边上吟咏《溱洧》之曲。《诗经·溱洧》中有恋爱中男女于水边秉兰对话的场景。

16. 茜裙:绛红色的裙子。輕紈:轻薄洁白的绢衣,也指团扇、纨扇。这里的茜裙、輕紈都是在借美女来描述水面和林间的花卉。

17. 新篁:新生的芦苇。溶瀁:水面荡漾。綿羽:黄鸟。典出《诗·小雅·绵蛮》。控搏:【按】"搏"不合韵,当作"摶(tuán)",聚集、控制的意思。

18. 卵色:蛋青色,常用以形容天的颜色。

19. 讙:同"欢",这里指欢悦、喧闹。

20. 敦盤:古代镶玉的木质器皿,常常用作礼器。这里指装盛食物的器皿。

21. 執牛耳:作盟主。古代诸侯订立盟约时要割牛耳歃血,由主盟国的代表拿着盛牛耳朵的盘子,故称主盟国为执牛耳。柔翰:毛笔。

22. 驁(ào)兀:文辞格调不同俗流。孟與韓:孟子与韩愈。

23. 醎(xián):同"鹹""咸"。

24. 單袷:单薄的夹衣。

25. 觴傳流水曲,兼味盈柈(pán)餐:曲水流觞,这里指饮酒赋诗。柈,同"盘"。

26. 錫(xíng):糖羹。寶瑟:珍贵美好的琴。

27. 帽簷紅鞁鞨(mò hé),步障青琅玕:这里描述的是雅集宴会上弹琴仕女的装扮和场景。帽簷,即帽檐。紅鞁鞨,东北少数民族风格的红色装束。步障,屏风。琅玕,美好的玉饰。

28. 韶濩(hù):亦作"韶頀",泛指雅乐。鳳鶯:泛指各种乐器。

29. 筆戰:切磋文字,比斗文章。賈餘勇:即余勇可贾,指余下的勇气和才情。翦燭興未闌:夜深时仍然余兴未了。

30. 不見蘭亭集,永和禮法寬:晋穆帝永和九年(353)上巳日的兰亭雅集。

31. 詩成三十七:兰亭雅集上总计42人,其中11人各成诗2首,15人成诗1首,合计37首。

32. 數符合:与兰亭雅集的人数一致。

33. 癃(lóng)殘:衰老病弱的样子。

34. 瞢(méng)昧:糊涂、无知、愚昧。

35. 王逸少:王羲之,字逸少。

36. 溟然:昏昧、不明事理的样子。

前題"分韻得'山'字"[1]

李 紱[2]

何地初濫觴,上巳競秉蘭。山川有變化,時序能往還。
今日置酒地,乃是昔人山。昔人不可作,吾黨重躋攀。
洞壑黯深黑,花木餘朱殷。靈秘難獨守,造物意所慳。[3]
有逢與季萴,相因如轉環。[4] 主人足清福,榛莽手自刪。
尊俎不移具,上客爭欵關。[5] 我家臨水側,松門閉空閒。
瞥來佳麗地,放意凌崢潺。[6] 踏青履未寄,及此良宴間。
勝友嗟如雲,雅不畧疏頑。[7] 高下列坐次,參差橫食單。
健筆仗危歐,十友不足班。[8] 蘭亭既已矣,此會良復艱。[9]
安得徐賁手,衣冠塡青丹。點入畫圖中,千秋想遺顏。

校注:

1. 李紱《穆堂類稿》卷4(清道光十一年[1831]奉国堂刻本)中收录了此诗,诗题为"上巳师子林修禊分韵得'山'字"。【按】"已"当作"巳"。

2. 李紱(fú)(1675—1750):字巨来,号穆堂,江西临川荣山镇人。清康熙四十八年(1709)进士,由编修累官内阁学士,历任广西巡抚、直隶总督、户部侍郎。著名政治家、理学家、诗文家。治理学,宗陆王(陆九渊、王守仁),被梁启超誉为"陆王派之最后一人"。

3. 靈秘:神奇莫测的奥秘。慳:阻碍、磨难。

4. 萴(cè):一种块根可以入药的草。轉環:圆环。

5. 上客:嘉宾。欵(kuǎn)關:即"款关",指扣关,这里指登门拜见。欵,诚恳。

6. 崢潺:山峰与溪水。

7. 畧:同"略"。疏頑:懒散顽劣,《穆堂類稿》卷4中"疏"作"疎"。

8. 【按】《穆堂類稿》卷4中"仗"作"伏"。危歐:危素和欧阳玄。十友:

北郭十友。

9. 良復覯：十分难得。

雪中讌集師子林贈主人張籟三先生，兼呈汪武曹[1]前輩

梁　迪[2]

張華聲望重，風格見閒居。[3] 轍滿緣奇字，門高有賜書。[4]
嘯吟泉石裏，節物[5]雪霜餘。招集逢枚叟[6]，良宵度不虛。
今夕兔園會[7]，飄然遠俗塵。石林元代迹，風雅晉時人[8]。
座有東山望，尊開北海新。[9] 獨慚五噫客，詠雪非陽春。[10]

校注：

1. 汪武曹：汪份，字武曹，清初文人，苏州人。康熙四十二年（1703）进士，任庶吉士编修。

2. 梁迪：字道始，广东新会人，清康熙四十八年（1709）进士。

3. 張華（232—300）：字茂先，河北固安人。西晋时期政治家、文学家、藏书家。閒居：西晋潘岳有《闲居赋》。

4. 轍滿緣奇字，門高有賜書：这里借用西汉杨雄以车载酒问奇字的典故。赐书，康熙、乾隆二帝为狮子林题写的御书。

5. 節物：行为，行事。

6. 枚叟：即枚乘，西汉辞赋家，曾上书劝谏吴王刘濞，后为梁孝王梁园中的门客，有大赋《七发》《梁王菟园赋》辞赋名篇等。

7. 今夕兔園會：自比狮子林此番雅会如梁孝王兔园的雅集。

8. 風雅晉時人：暗指东晋的兰亭雅集。

9. 東山望：谢安曾隐居会稽东山，名望威震天下。北海：指孔融，字文举，曾任北海相，世称孔北海。

10. 五噫客：梁鸿，字伯鸾，扶风平陵人，东汉末年隐士，曾写《五噫诗》。非陽春：梁鸿《适吴诗》写的是阳春时节漂泊江南，而本诗作者梁迪自叹吴

门雅集写诗在雪季。

師林八景

曹　凱[1]

師子峯
頑石豈能吼,猙獰勢何雄。風霜五百載,屹立斯林中。駧駝幾荊棘[2],呵護非人工。

吐月峯
穆穆金波月,初更方吐光。宿雲無點翳,玲瓏透高岡。羨煞月中人,長嘯獨徜徉。

小飛虹
鑿石架爲梁,宛若飛虹狀。自昔不敢指[3],何況行其上。今來飛度慣,追思古巧匠。

玉鑑池
池以玉鑑名,清潤有如玉。微風蕩漾來,花香而水淥。臨流竊長歎,塵垢願就浴。

冰壺井
清泉含冥漠,下有百尺潭。未見黑㵎[4]底,但用修繩探。汲來煮香茗,殊勝甘谷[5]甘。

問梅閣
未知春意到,問訊有寒梅。梅亦無言答,但先百花開。始知四時序,天地潛相催。

五　松
高峯有五松,羅列互爲友。根蟠自宋元,鐵幹終不朽。餐之可長年,何必還丹壽。

八　洞[6]

岡巒互經亘,中有八洞天。嵌空勢參錯,洞洞相回旋。遊人迷出入,渾疑武陵仙[7]。

校注:

1. 曹凱:生平不详。
2. 駉駝幾荊棘:【按】"駉"当作"铜",即"铜驼荆棘"。典出《晋书·索靖传》,"靖有先识远量,知天下将乱,指洛阳宫门铜驼,叹曰:'会见汝在荆棘中耳?'"这里指狮子林经历了漫长的历史变迁。
3. 自昔不敢指:古代风俗中有不可手指彩虹(蝃蝀)的说法。如《诗经·鄘风·蝃蝀》:"蝃蝀在东,莫之敢指。"
4. 黑澴(huán):水旋涌洄流的样子。
5. 甘谷:河流名,源出陕西省永寿县,相传水味甘美,人饮之可长寿。
6. 八洞:应指狮子林叠山中的洞壑之组景,此景名多见于清代前期,如梅蕚的《狮子林》诗中有"八洞月亭开闻苑,五松云窦拟崆峒"之句。
7. 武陵仙:即桃花源仙境。

遊師子林

【嘉興】錢陳羣【集齋】[1]

人言邱壑幽,中可著居士。苟非眞隱者,深谷同喧市。[2]
十笏[3] 師子林,以倪迂傳矣。詩僧有維則,奇石多聚此【倪高士元鎮與維則友善,常留宿其中,愛其蕭爽,爲之繪圖。徐貴復圖爲十二景,高季迪、姚廣孝諸人相繼題詠。倪圖早登內府】。[4]
由來淡宕人,本不事粉飾【叶】。青邱與幼文,偶來雙屐齒。
分圖十二段,不隔尺與咫。晨起汲井華,手添養魚水。
古梅發新晴,簷際一相倚。何期五百年,天仗[5]來遊止。
禪窩欹松關[6],雲竇漱石髓。按圖徵名字,強半已多毁。[7]

惟餘古狻猊,猙獰踞遺址。春來花發時,寂寞自紅紫。
山因儼始靈,於此會深旨。至今甫里間,猶說天隨子[8]。

校注:

1. 錢陳羣(1686—1774):字主敬,号香树,又号集斋、柘南居士,嘉兴人。清康熙六十年(1721)进士,官至刑部尚书,谥文端。

2. 苟非真隱者,深谷同喧市:如果不是真正想要隐居的人,即便居住在深山大谷之中,心中也会充满如居城市的躁动。

3. 十笏(hù):笏,古代官员上朝时手持的手板,尺寸大约为长2尺6寸、宽3寸。"十笏"是说园林的面积很小。

4. 【按】这里钱陈群自注倪云林与维则友善,误,维则当为如海。

5. 天仗:皇帝的仪仗,指御驾。

6. 欵(kuǎn)松關:即款关,扣门求见的意思。

7. 按圖徵名字,强半已多毁:拿着图册来核对园林景点的名字,发现大半已经毁圮了。

8. 天隨子:晚唐诗人陆龟蒙号天随子。

師子林詩為張籲三先生賦

【長洲】李果【客山】[1]

句吳城東婁之涘,中有師林最奇古。
蒼松撐映[2] 修竹圍,峯礌凌空湫澗俯。
客從石竇疑路窮,天光射入透墻堵。
屹然玲瓏盡壘石,蘚蝕苔侵復塵土。
巨者狻猊小師子,昂頭偃背交眉豎。【或行若神龍,或蹲若豹虎。】
鬖髿[3] 毛髮飄欲飛,孫孫子子羣相聚。
昔有高僧愛此游,曾從其旁搆紺宇[4]。
滄桑彈指三百年,碑版空罶委宿莽[5]。

先生購得置草亭,閉戶棲遲避風雨。
春晴攜友遠相訪,山茶紅豔江梅吐。
碧池溶漾浮纖鱗,高樹參差啼翠羽。
盤旋古徑不欲去,撫柯不覺日形午。
心驚人境未曾有,疑是鴻濛誰鑿取。
從來行樂當及時,達人靜悟笑愚魯。
方期割屋常追遊,更欲荷鋤思學圃。

校注:

1. 李果(1679—1751):字实夫,一字硕夫,号客山,又号在亭,清中叶苏州人。李果一生布衣,家贫苦学,后以诗文名,与陈鹏年交善。著有《在亭丛稿》《咏归亭诗钞》《石间集》。

2. 捒(yǎn)映:掩映。

3. 豔鬖(lán sān):毛发散乱下垂的样子。

4. 搆:构,建造。紺(gàn)宇:即绀园,佛寺之别称。

5. 宿莽:经冬不死的多年生草本。【按】"宿莽"不合韵,此处疑有误。

師子林

前 人[1]

長林薄東林[2],祇園誰割此。壘石若林立,猙獰類師子。
遊戲非一狀,擁抱或延企[3]。曾無斧鑿痕,天然露奇詭[4]。
洞深路屢易,穴盡峯忽起。登閣見遙山[5],南浦秋帆駛。
疏[6]花拂檐端,寒煙生足底。重遊溯往昔,撫景逾一紀[7]。
白松偃二株,餘者幸無毀。何意今晨集,快心復徙倚[8]。
時當重九後[9],風物尤閑美。嘉客有二仲[10],清談適中理。
滄桑感雖深,邱壑良可喜。

校注：

1.【按】此诗见录于李果《咏归亭诗抄》卷4，可知这里的"前人"当为李果。本集中在"师子林"题名之下有小序"王南邨观察招同张朴村赋"。王焻（1651—1726），字子千，一字紫诠，号盘麓、南区、南村，天津宝坻人，贡生。清康熙十九年（1680）授光禄寺丞，擢刑部郎中，先后转任惠州知府、四川川南道副使等职。康熙四十四年（1705）解职致仕后，长期寓居江宁、苏州等地。康熙六十一年壬寅（1722）九月，王焻寓居苏州狮子林（张籁三旧宅），此诗即为这次招邀李果与张云章聚会的诗作。张云章（1648—1726），字汉瞻，号朴村，嘉定人。康熙初诸生，受征召赴京，参与修撰《尚书汇纂》，书成后辞归。

2. 東林：【按】《咏归亭诗抄》卷4中作"东城"，"东林"误。

3. 延企：即延颈企足，翘首期盼的样子。

4. 天然露奇詭：【按】《咏归亭诗抄》卷4中，此句后有批注：其石垒成类师子，乃元人所构。倪云林有图，张伯雨诸公尝游其处。向为寺，后于寺中割取为园。

5. 登閣見遙山：【按】可知此间登狮子林假山可以借景城外的虎丘、灵岩等郊外远山。

6. 疏：《咏归亭诗抄》卷4中作"疎"。

7. 一紀：十二年。【按】十二年前李果来游狮子林拜会张籁三，写了诗歌《师子林诗为张籁三先生赋》。

8. 徙倚：徘徊不去，流连不已。

9. 重九後：指的是清康熙皇帝驾临狮子林之事。

10. 二仲：指的是王焻与张云章二人。

師子林和趙秋谷韻[1]

龔翔麟[2]

緬懷師子林,十年初覿面[3]。數畝走千峯,攢簇勢不亂。
昔作蓮社遊,雲林迹所踐。幾傳落君手[4],主易名不變。
可惜園與圖,祇各得其半。[5] 水限垣之西,闚觀緣細棧。[6]
二代閱元明,百年飽霜霰。前賢殫心力,充吾耳目翫[7]。
主人性好客,堊壁酋題慣[8]。三復秋谷詩,一字不可竄[9]。

校注:

1.【按】趙秋谷即趙執信,此诗为次韵前赵执信题壁诗之作。

2. 龔翔麟(1658—1733):清代藏书家、文学家。字天石,号蘅圃,又号稼村,晚号田居,杭州人。康熙二十年(1681)进士,与朱彝尊等合称"浙西六家",著有《田居诗稿》《红藕庄词》。

3. 覿(dí)面:拜会,拜见。

4. 落君手:【按】此间园主为张籲三。

5. 可惜園與圖,祇各得其半:【按】此间园林空间可能已被进一步分割。

6. 水限垣之西,闚(kuī)觀緣細棧:墙垣西边水边上有细而窄的栈道,人行走与其上以观水。闚,同"窥"。

7. 翫(wán):同"玩"。

8. 題慣:题写。

9. 竄(cuàn):同"窜",篡改、修改。

遊師子林[1]

【長洲】彭啟豐【芝庭】

遠攜靈鷲[2]入窗前,石筍攢空一逕穿。
欲斷仍連峯頂路,將窮忽轉洞中天。
攜筇[3]待月堪乘興,埽地焚香合坐禪。
回首十年遊迹在,古松鱗鬣更翛然。

校注:
1.【按】彭启丰《芝庭诗文稿·诗稿》卷14中,收录了这首诗歌。
2. 靈鷲:古代印度佛教传说中的圣山名。
3. 筇(qióng):竹子,这里指竹杖。

宿師子林

【長洲】沈德潛【確士】[1]

巉巖師子林,樵者始能尋。奇秀到菴[2]盡,荒寒引境深。
松龕[3]靜夜火,菜把[4]道人心。高臥清無夢,山雲入戶侵。

校注:
1. 沈德潜(1673—1769):字確(què)士,号归愚,苏州人,著名诗人、学者。清乾隆元年(1736)荐举博学鸿词科,乾隆四年(1739)以六十七岁高龄得中进士,乾隆帝称其"江南老名士",授翰林院编修,历任侍读、内阁学士、上书房行走、礼部侍郎、礼部尚书衔,封光禄大夫、太子太傅。【按】沈德潜《归愚诗钞》卷14收录了此诗。
2. 菴:《归愚诗钞》中作"庵"。

3.松龕:以松枝、松子爲柴取暖的灶龕。
4.菜把:即蔬菜。

獅子林古松歌和陳少霞作[1]

【吳縣】徐華【也博】

我聞石門澗邊多怪松,磊砢百尺高龍惌[2]。
又聞慈仁寺裏古松樹,橫空弩攫[3]鳴長風。
五松蜿蜒堪相敵,托根乃在開士[4]園林中。
洞壑六月積寒氣,雷雨儵忽[5]生晴空。
流雲暗度不見影,驚泉時聽流淙淙。
餐霜飲露歷冬夏,行人對爾開心胸。
昔年倪迂此高臥,一杯日向松間坐。
清風每遣幽情生,寒月恒教詩夢破。
攜琴深陰時一彈,曲高未許旁人和。
後凋本是殊凡姿[6],伴以幽人詎爲過。
倪迂今去幾百年,五松猶復畱人間。
蛟龍絕壑日鳴吼,白日不到松巒邊。
靑鸞白鶴解栖宿,惜無高賢長周旋。
攜羣昨此聞清籟,溟濛煙霧喜相對。
倒枝拂地陰扶疏,驚濤直下若奔墜[7]。
荒邱絕壑見非一,歎息離奇此爲最。
橫眠壁立多異形,畢宏韋偃那能繪[8]。
少霞居士今詩人,題詩縱筆如有神。[9]
素心頗願傍高舘,眠雲坐月時爾親。
剡山晉僧不足慕,倪迂安見非前身。[10]

校注：

1.【按】此诗为和韵之作，可知居士陈少霞有吟咏狮子林古松的诗歌。陈少霞、徐华，生平皆不详。

2. 磥砢(lěi luǒ)：亦作"磊坷"，众多石头堆垒起来的样子。龍嵷(lóng cōng)：山势高耸挺拔的样子。

3. 挐攫：扭曲、搏斗的样子。

4. 開士：佛教语，本义指菩萨，后泛指佛僧。

5. 儵(shū)忽：迅速捷疾的样子。

6. 殊凡姿：不同平凡的姿态。

7. 鷩涛直下若奔墜：【按】由此可以推测，当时狮子林假山中已经有了用收集雨水而形成的跌水造景设计。

8. 畢宏：唐朝京兆人，天宝间任中官御史、左庶子。善画奇石古树，尤善绘松。韋偃：唐朝长安人，善绘马与松。杜甫有诗《戏韦偃为双松图歌》，元鲜于枢诗："韦偃画马如画松。"

9. 少霞居士：即陈少霞。这里本诗作者徐也博对其吟咏狮子林的诗歌大加赞赏。

10. 剡山晉僧：即支遁，晚年于剡县（嵊州）与沃洲（新昌县）一带建寺传法。倪迂：即倪云林。

夢游師子林

【元和】韓是升【東生】[1]

岡巒層列碧池灣，癡瓚[2]風流在此閒。
逸興正隨[3]良夜永，鄰鐘一杵[4]喚魂還。

校注：

1. 韓是升(1735—1826)：字东生，号旭亭，晚号乐余，贡生，苏州人。清乾隆间先后主持金台、阳羡、当湖书院，著有《洽隐园文钞》《听钟楼诗稿》。

2. 癡瓚：倪瓒。

3. 隨:随。
4. 杵:寺僧撞击寺钟用的木棒。

初過師子林

前 人[1]

此境分明夢裏同,石欄橋外聽松風。
林亭咫尺千峯疊,意匠眞堪奪化工。

校注:

1.【按】此诗作者不详,待考。此诗与后两首诗题名中分别有"初过""再过""三过",推测作者可能为同一人;第三首诗中的"家慈""慈亲"皆是"家母",前潘奕隽、彭希濂在序文中记录钱鸿辉善承母志(孙氏),率先捐资协助昆峯、宏通重修画禅寺大殿之事,也恰在这段时间。据此初步推测此三首诗的作者很可能是钱鸿辉。

再過師子林同吳成菴[1]

前 人

客來尋畫我尋詩,詩畫倪迂總耐師【成菴善繪】。
更喜園丁曾認姓,不嫌木石坐移時。

校注:

1. 吳成菴:生平信息不详。

三過師子林隨侍家慈[1]

前　人

兩入楓林迹未陳，又將煙景奉慈親[2]。
忘年松柏經霜竹，雲壑深藏萬古春。

校注：
1. 家慈：家母。
2. 慈親：家母。

遊畫禪寺贈昷峯上人[1]

【吳縣】潘奕雋【守愚】

何事天台坐，浮杯到畫禪【自天台歸吳】。身心無住著，香火有因緣。林古誰爲主【寺後師子林割爲民居，屢易主，今給諫黃雲居昆仲居之[2]。雲居與弟小華觀察亦相繼謝世。昷峯言林係倪高士爲寺僧某師所作[3]，今不能復，故詩及之】，松高不計年。願持堅定意，長此奉金僊[4]。

校注：
1. 【按】潘奕雋《三松堂集》卷6收錄了此詩。
2. 黃雲居昆伸居之：【按】"雲居"当作"云衢"。黃興祖，休宁人，清乾隆年间任衡州知府，后迁居苏州狮子林，更其名为涉园。长子黄腾达，字云衢，乾隆二十六年(1761)进士，官任礼部给事中。次子黄轩，字日驾，号小华，乾隆三十六年(1771)状元。黄氏兄弟皆居于狮子林。昆伸，兄弟。
3. 倪高士為寺僧某師所作：【按】此句语焉不详，某师当为如海，所言与历史事实不符。

4. 金僊:道教和佛教中最高的、无极之境的果位(境界)。

秋日偕東畬同年遊師林寺,晤昷峰禪師。茶話移時越日,東畬作師林圖,并系以詩,因次原韻贈昷峰俾藏諸寺[1]

前 人

西風蕩煩襟,秋光集古寺。東畬北郭居,好尚不我異。
林官喜同時,探幽結微契。[2]但求魂夢安,肯爲升斗計[3]。
朝來偶相過,聯袂登初地。層樓面松林,虬枝無蒼翠[4]。
昷峯今辯才,宗風幸未墜。禪門有廢興,雲煙慨往事。
因諧翰墨緣,爲仿倪迂意。林巒與水石,一以臆布置。
固知磊落人,邱壑蟠胸次[5]。晴窗想揮毫,話雨【東畬作畫小樓名】同清閟。
俯視塵中人,酸鹹信殊致。寥寥橫幅間。淡泊出奇麗。
持贈藏山門,他時紬古誼。傳燈定有人,昌歜倘同嗜。[6]
逸事畱珠林,風流庶無替。[7]

校注:

1.【按】潘奕雋《三松堂集》卷9收录了此诗,故此处"前人"当为潘奕雋。東畬:即张东畬。俾(bǐ)藏:使其收藏。

2. 林官喜同時,探幽結微契:《三松堂集》卷9中"林"作"休"。【按】"林"字误。休官,退修、致仕。微契,发自内心的约定。

3. 升斗計:算计官职的高低与俸禄的多少。

4. 虬枝無蒼翠:《三松堂集》卷9中"無"作"舞"。【按】"無"字误。

5. 蟠胸次:居于胸中。

6. 傳燈:佛教认为佛法可以照明人心,故传授佛法为传灯。昌歜:本义是指用菖蒲根制成的腌制品,传说为周文王所喜之物,故引申为前贤所嗜之物。

7. 珠林:佛寺。庶無替:或許不会废替。

遊畫禪寺寄懷岊峯在鎮江

前　人[1]

岊公飛錫去,屈指兩經春[2]。應結逍遙侶,還憐膠擾[3]身。
紛紛人事異,汩汩[4]物華新。何日相隨住,安禪靜世塵。

校注:

1.【按】潘奕隽《三松堂集》卷11 收录了此诗,故此处"前人"当为潘奕隽。

2. 兩經春:经过了两春,即过了两年。

3. 膠擾:烦扰、纷扰。

4. 汩汩:水流不断的样子,这里指园林中的景物随年更新。

題南田仿雲林山水 [並序]

前　人[1]

師林寺今爲畫禪寺。寺故有園,爲元倪瓚所造[2],名師子林,林今歸於黃[3]。倪又有圖,圖今亦失,東畬張子以所藏惲壽平仿倪畫一幅藏於寺,寺僧岊峯索余題,未果。今春來遊,爲題其後。嘉慶二年人日[4]。

祇樹有園歸江夏⁵，東畬遺墨珍南田⁶。
是圖非爲師林寫，其妙眞得倪迂傳。
僧房啜茗慨逝歲，人日讀畫懷前賢。
山門玉帶有故事⁷，畫禪佳話畱他年。

校注：

1.【按】潘奕雋《三松堂集》卷11收录了此诗，故此处"前人"当为潘奕雋。

2.【按】可知倪云林造狮子林谬说在此间流传比较广泛。

3. 歸於黃：即指园林归黄兴祖与其子黄腾达、黄轩。

4. 人日：旧俗以农历正月初七为人日。

5. 祇（qí）樹：即祇园，祇陀太子所置之园林，后泛指佛寺。江夏：即江夏堂，天下黄氏共尊的堂号，故黄氏常常又作江夏黄氏。

6. 南田：恽寿平（1633—1690），原名格，字寿平，后改字正叔，号南田，别号云溪外史、号东园草衣。居常州城东，后迁居城西白云渡，号白云外史。明末清初著名书画家，常州画派的开山祖师。

7. 山門玉帶有故事：苏东坡与高僧佛印之间"所系玉带，愿留以镇山门"的对话故事。

師 子 林

【崑山】 孫登標 【朗庭】¹

人巧奪天工，搆置眞奇傑。高松瘦蛟舞，怪石怒猊抉²。
矗者爲峯巒，凹者爲洞穴。度地百餘弓，勝槩儼森列。
傴僂恣幽探，奧窔紆且折。³忽然見青天，懸崖驚頗裂⁴。
扠隆⁵無定形，斧鑿痕磨滅。玉鑑冰潾潾⁶，羣峯俯而啜。
虯枝激濤聲，淙潺唱和迭。⁷對此滌塵容，心目俱澂潔⁸。
我憶青邱詩，清芬尚堪擷。遺蹤不盡畱。滄桑唶幾閱。

賴有嗜古者,灌莽⁹都薙截。爬羅眞面目,猙獰勢欲齧。¹⁰
氣象湧萬千,神剜天造設。不圖闠闠中,有此奇峰凸。
翠華數臨幸,聲價倍超軼。遊人接踵來,紛紛稚與耋。
方知地有靈,名區不閉塞。辟疆已圮墟,南園樹林蔑。¹¹
興廢固無常,或亦遞玆絕。喧囂玷煙霞,領趣何嫌孑¹²。
安得風月辰,獨坐看屼嵲¹³。人趣我亦趣,聊以慰飢渴。

校注:

1. 孫登標:【按】光绪版《昆新两县续修合志》载,孙登标,字在冈,号郎亭,清乾隆三十年(1765)乙酉科解元进士,曾任海澄知县。

2. 抉:怒目瞪眼的样子。

3. 傴僂(yǔ lǚ):腰背弯曲的样子,这里指弯着腰在山洞中行走。奥窔(yǎo):古代称屋室之西南隅为奥,东南隅为窔,后泛指堂室之内的空间。

4. 頗裂:歪斜开裂。頗,偏斜。

5. 抝(ǎo)隆:弯曲高耸的样子。抝,同"坳",扭曲。

6. 潾潾:波光闪烁的样子。

7. 虬枝激濤聲,淙潺唱和迭:【按】由此诗句可知此间狮子林园景中有跌水之景的设计。

8. 澂(chéng)潔:清澈、清洁的样子。澂,同"澄",清澈的样子。

9. 灌莽:灌木和荒草。

10. 爬羅:发掘搜罗。齧(niè):同"啮"。

11. 辟疆:东晋顾辟疆宅园。南園:五代钱元璙的园林。蔑:湮灭。

12. 領趣:领悟意趣。孑:孤单,引申为出众、特立。

13. 屼嵲(wù niè):高耸的样子。

題師子林圖

劉大觀【崧嵐】[1]

舊日逍遙地,今來不姓倪。松風猶謖謖[2],水月但凄凄。
石罕癡人拜[3],門無大手[4]題。東畬作此畫[5],功與補天齊。

校注:

1. 劉大觀(1753—1834):字正孚,号崧嵐,山东临清州邱县(今属河北)人。清乾隆丁酉拔贡,先后出任广西永福县令、承德县令、开原县知县、宁远州知州、山西河东兵备道、山西布政使等职务。
2. 謖(sù)謖:呼呼作响的风声。
3. 癡人拜:米芾拜石的故事。
4. 大手:大手笔,这里指名家。
5. 東畬作此畫:【按】由此诗句可知此诗所题为张东畬所补绘的《狮子林图》。

題師子林圖

【錢塘】袁枚【簡齋】[1]

未到師林寺,先看師嶺圖[2]。門前嵐翠合,樓下竹雲鋪。
雖失倪迂畫,仍還合浦珠[3]。老僧須待我,鳩杖[4]爲君扶。

校注:

1. 袁枚(1716—1797):字子才,号简斋,浙江杭县人。清乾隆四年(1739)进士,先后赴多地转任知县,后弃官,于江宁城西筑随园,世称随园先生。乾嘉时期代表诗人、散文家、文学批评家和美食家。著有《小仓山房诗文集》《随园诗话》《随园随笔》等。

2. 師嶺圖：即《师子林图》。

3. 仍還合浦珠：即合浦珠还的故事，比喻东西失而复得或人去而复回。合浦郡在今广西合浦县的北部湾一带，传说在东汉时期，这里的珠蚌迁移逃亡到交趾郡（今越南北部红河流域）后又迁移回来。

4. 鳩杖：杖端刻有鸠形的手杖。

題師子林圖

【吳縣】潘世恩【芝軒】[1]

福地林泉勝，高人翰墨緣。畫圖今杳矣[2]，松竹故依然[3]。
妙手追前輩，宗風啟後賢。問梅還指柏，莫傍小乘禪[4]。

校注：

1. 潘世恩（1769—1854）：初名世辅，字槐堂，一作槐庭，小字日麟，号芝轩，晚号思补老人，室名有真意斋、思补堂、清颂。清乾隆五十八年（1793）状元，历任侍读、侍讲学士、户部尚书、武英殿大学士、充上书房总师傅，进太子太傅。先后历事乾隆、嘉庆、道光、咸丰四朝，被称为"四朝元老"。

2. 杳矣：渺茫，悠远。

3. 松竹故依然：【按】此句原文可见于苏辙《栾城集》卷9之《词韵子瞻过淮见寄》，"龟山昔同到，松竹故依然"。

4. 小乘禅：小乘佛教。

獅子林

【吳縣】 徐文錫 【韶符】[1]

春巖[2] 淡晴嵐,窈窕瞰靈鷲[3]。巋然闤闠中,著此數峯秀。
嵌空天欲穿,壁立土不覆。陽崖風日暄,陰厂水雲漱[4]。
石骨鬱嶒崚[5],皴瘦復透漏。自非造化鍾[6],一一鬼工奏[7]。
偶來林下遊,一境一奇覯。意所不到處,眞宰[8]誰能究。
撫景趣彌閒,搜奇日以富。濤聲松際來,謖謖起清吼。

校注:
1. 徐文錫:字昭符,又字竹所,清代苏州吴县人,诸生,有《竹所遗稿》。
2. 春巖:春山。
3. 靈鷲:古代印度佛教传说中的圣山名。
4. 陰厂:阴面的开阔地。水雲漱(shù):水云流荡。漱,同"潄"。
5. 鬱:郁,聚集。嶒崚(céng líng):山势高而险峻的样子。
6. 造化鍾:天然聚集而成。鍾,聚集、集中。
7. 鬼工奏:鬼斧神工作品的呈现。奏,呈现。
8. 眞宰:上天,万物之主宰。

遊五松園

【婁縣】 陸文啟 【宇東】[1]

園林孰古今,興廢滋感慨。若非喆匠[2]功,焉能亘千載。
吳中師子林,相傳自宋代。樹石世希有,游歷驚險怪。
度地無五畝,奇峯具萬態。變幻狻猊狀,狰獰鬪雄邁[3]。

玲瓏九竅[4]通，老米應下拜。一徑洞口開，躡足懼險隘。
行行轉曠朗，忽忽迷所處[5]。展轉往復回，迤邐靡有届[6]。
同遊各取路，倏忽面相對。分明笑語通，咫尺分疆界。
小憩聽松亭【亭名】，松風振清籟。斑駁古龍鱗，五株競偃盖。
靈根迸石罅，儼向黃山貸[7]。得勢共昂霄，馮空儼結隊[8]。
目熒[9]不暇接，足力甚矣憊。入山深又深，不離卷石外。
始知造化工，終非人力逮。臺榭幾滄桑，林巒永不壞。
千古倪迂圖，流傳入大內。今皇涖東吳，徵圖降羽旆。[10]
峯壑舊規模，招提新藻繢[11]。我今躡屐來，欣然逐朋輩。
見所未曾見，素心聊一快。抒詞略記勝，姑了[12]筆墨債。
妙境難具陳，安得茲遊再。

校注：

1. 陸文啟：清代詩人。《万有文库》所錄《湖海诗传》卷6收錄了此詩，並有附注：陆文启，字宇东，娄县人，诸生，有《琴溪诗钞》。【按】娄县即今昆山、太仓一带。

2. 喆匠：哲匠，技术高超、思维巧妙的匠人。喆，同"哲"。

3. 鬭雄邁：相互比赛雄壮与豪迈。

4. 竅（qiào）：即"窍"，洞孔。

5. 忽忽迷所處：原文用小字更改"处"为"在"。《万有文库》所錄《湖海诗传》卷6中亦作"在"。【按】"在"字和韵，"处"字误。

6. 届：同"届"。

7. 儼向黃山貸：好似从黄山借来的松树。

8. 馮（píng）：同"凭"。結隊：排列成队伍。

9. 目熒：眼光迷乱。

10. 涖：同"莅"。羽旆（pèi）：以羽毛为饰的旗帜。

11. 藻繢（huì）：彩色的绣纹，错杂华丽的色彩。

12. 了（liǎo）：完结。

過獅子林與蔡瞻岷飲樹下[1]

朱塤[2]

宅邊古寺路偏幽,爲訪伊人取次遊。
青帶遠村新雨潤,綠浮芳艸[3]晚煙收。
逶迤西舍清寒月,徙倚東皋寂寞秋。
攜酌相尋來往近,閒中時上碧峯頭。

校注:

1.【按】《百城烟水》卷3"獅子林"条目之下,录有此诗。蔡瞻岷:清初安徽桐城文人,与戴名世为同乡,晚年卒于扬州。戴名世在《蔡瞻岷文集序》中称赞其"通敏有才辨,其气甚豪,而钻研於典籍者又精且熟"。

2. 朱塤:清初文人,《百城烟水》中记录其在苏州的虎丘、狮子林、寿安寺等地皆有吟咏诗歌。

3. 芳艸(cǎo):芳草。艸,同"草"。

遊獅林寺

【婁東】蕭曇【風衣】[1]

獅林之山山勢陡,不知成自何人手。
後得雲林眞賞音,削去贅瘤補罅漏[2]。
崖危徑狹峯回環,假山反覺勝眞山。
蓄興探幽積平昔,到今始得相追攀。
風起林端獅欲吼,豁地[3]心驚不敢走。
定睛細視始心怡,不但相揖還低首。

獅林獅林天下奇,靈異不到何能知。
拄杖岡頭放眼看,紆徐轉折無平坡。
須臾鼓勇下石屋,一步平坦兩步曲。
咫尺盤旋訝路長,欲憩巖端無側足。
初覺雙足置雲邊,旋復有雲生其巔。
雲氣蕩山山忽裂,裂開山罅飛鳴泉[4]。
池中聞貯五湖水,怪底波流清如泚。
山亭如笠覆山頭,山館如齒接山趾。
好山往往羈游蹤,倏[5] 聞僧院鳴疏鐘。
長嘯出林一回首,夕陽猶映松梢紅。

校注：

1. 蕭曇：清乾嘉年間太倉文人，寓居苏州，著有《经史管窥》6卷。清咸丰刻本《壬癸志稿》载：萧昙，字风衣，居贫，好学，能诗文，于经史亦有撰著。偃蹇(困顿)以卒。

2. 赘瘤：比喻多余无用之物。罅漏：裂缝和漏洞。

3. 豁地：裂开的地面。

4. 山罅飞鸣泉：【按】这里再次记录了狮子林的跌水造景设计。

5. 倏(shū)：同"倏"，忽然。

師子林紀勝續集卷下

元和徐立方稼甫輯
住持釋杲朗映月參
長洲汪世昭鐵心校

古今體詩八十五首

張應均補圖詩並序（乾隆癸丑九月，偕榕皋[1]農部遊師子林，晤岊峯住持。寺以廢而復興，雲林遺墨無存，曾見於廣陵吳翰林杜村齋中，猶記其原題詩句，因為補圖）

張應均【東會】

昔觀師林圖，今遊師林寺。雲林寫真趣，靜證寧有異。
我來亦偶爾，信步忽有契。正如巖壑雲，去住非豫計。
適逢同志人，乘興尋初地。拂衣上層樓，五松欣交翠。
慨彼竹爐卷，原物已失墜。幸獲九龍墨，至今成盛事。
我雖非其匹，聊云存古意。規撫憶前圖，效顰隨位置。
況我水雲士，詩章出胸次。叙述廢興由，什襲[2]重清閟。
我亦附驥尾[3]，傳罍詎[4]二致。上人泂超脫[5]，傑閣啟晴麗。
一見傾朴誠，方外得古誼。简率遺此卷，將毋癖同嗜。
好藉風雅流，永言庶勿替。

校注：
1. 榕皋：即潘奕雋，曾官戶部主事。
2. 什襲：層層包裹以珍藏。
3. 驥尾：比喻追隨于前賢或名人之後。

4. 詎：岂。

5. 上人：此处指昂峰。洵：非常。

張東畬補倪高士師林寺圖，為徐謝山[1]題，即次東畬韻。

林芬【希白】[2]

落墨塵氣清，何人寫蕭寺。展卷纔尺餘，頗訝谿徑異。
云圖古師林，畫手遙相契。倪迂不可見，誰爲廢興計。
東畬補繪之，愛此飛錫地。拳石幻林巒，樓閣嵌空翠。
月涼竹露幽，風細松花墜。君家有昂峯，飄然謝塵事。
衲衣就邱壑，卻得高隱意。想師今所居，一一古所置。
或倚橋上亭，波影淡鱗次。或話樹旁軒，林陰鬱深閟。
隨緣[3]快心目，諸相非一致。攬圖對名勝，索句愧遒麗[4]。
依韻續舊題，唱和敦夙誼[5]。我蓄東畬畫【余家藏東畬雲泉攬勝圖】，
雲煙有同嗜。惜哉倪迂叟，丹青竟淪替[6]。

校注：

1. 徐謝山：即徐承庆，前文《师子林图跋》后有注。

2. 林芬(1764—?)：字朴园，号希白，清代人，祖籍苏州，生于顺天府大兴（今北京市大兴区）。父亲林俊曾任四川布政司。

3. 隨緣：随缘。

4. 遒麗：刚健秀美。

5. 敦夙誼：使早年的情谊更加深厚。

6. 淪替：衰落，消亡。

題師子林圖

【莒南】沈琛【右溪】[1]

昔年放棹虎溪頭,聞說師林景最幽。
幾度欲遊風引去,茫如海客望瀛洲。

馳逐紅塵二十年,吳門溪壑總無緣。
今來瞥見圖中景,訝是倪迂筆底傳。

疊石渾如五嶽宗,虬松不羨大夫封[2]。
何當返棹尋幽刹,坐聽闍黎[3]午後鐘。

校注:

1. 沈琛:字蘊山,号右溪,清代吴县人,善绘菊花。
2. 大夫封:秦始皇封禅泰山时,曾封一株松树为五大夫。典出《史记·始皇本纪》。
3. 闍(dū)黎:即阿闍黎,佛教中指能教授弟子法式、纠正弟子行为,并为其模范的人。

同蓉溪芷堂游獅子林題壁兼寄園主同年黃雲衢侍御[1]

【陽湖】趙翼【甌北】[2]

維摩丈室走終日,長房縮地稱儴術。
人間乃有獅子林,一畝中藏百里潏。
取勢在曲不在直,命意在空不在實。

選盡湖黿³皺瘦透,幻出奇峯排一一。
大或朱勔綱⁴上餘,小或米顛⁵袖中出。
蹻跛⁶如見奇獸蹲,疴瘦⁷似逢老人叱。
嵌空都作骷髏竅⁸,孤特欲撐散卓筆⁹。
一簣猶嫌佔地多,寸土不畱惟立骨¹⁰。
山蹊一綫更紆廻,九曲珠穿蟻行隙。
入坎塗愁墨穴深,出幽磴怯鉤梯¹¹窄。
上方人語下弗聞,東面客來西未覿。
有時相對手可援,急起追之幾重隔。
箭筈門狹棧閣危¹²,縮本摹成僅尋尺。
遂令陶輪手掌地¹³,折盡前齒後齒屐¹⁴。
想見匠心結撰¹⁵勞,起稿或經四五易。
人巧奪到天工處,能使鬼神亦護惜。
數百年來幾陵谷¹⁶,此獨堅完縫不裂。
萬石融成一片靑,寸松長到千尋碧。
倪迂當日慮崩頹,作圖欲傳不朽迹。
豈知園更比圖永,宛委¹⁷常含一區宅。
我同勝侶來登臨,橫側看奇日將夕。
踏花幸有僮引途,掃徑惜無主欸客。
如此溪山不在家,主人太少煙霞癖¹⁸。

校注:

1. 蓉溪:汤大宾(1714—1796),字名书,号蓉溪,清代常州人,诸生。历任浙江同知、广西浔州府知府。曾与周炳合修《开化府志》。芷堂:祝德麟(1742—1798),字趾堂,号芷塘,又作芷堂,浙江海宁人。清乾隆二十八年(1763)进士,先后历任翰林院庶吉士、编修、提督陕西学政、湖广道监察御史、掌礼科给事中等职。致仕后主讲云间书院。同年:本义指同岁,也指与自己同一年科举中榜的人,赵翼与此间狮子林主人黄云衢同为乾隆二十六年(1761)科进士,故为同年。【按】赵翼《瓯北集》卷25收录了此诗。

2. 赵翼(1727—1814):字云崧,一字耘崧,号瓯北,又号裘萼,晚号三半老人,常州人。清乾隆二十六年进士,文学家、史学家、诗人。

3. 湖黿:本义指太湖中的大黿鼉,这里指太湖石。

4. 朱勔綱:即花石纲。朱勔,北宋苏州人,是为宋徽宗造艮岳专门负责采办花石纲的人,与蔡京、童贯、高俅等并称"北宋六贼"。

5. 米顛:即米芾,北宋著名书法家,以喜爱奇石著称于世。因其个性怪异,举止颠狂,拜石称兄,世人称其"米颠"。

6. 蹞踞(kuí ní):盘曲蠕动的样子。

7. 痀瘻(jū lòu):驼背、曲背的样子。

8. 骷髏(kū lóu)窾:人死后枯骨的孔窍。

9. 撐:同"撑"。卓筆:像直立的笔杆一样挺立。

10. 寸土不畱惟立骨:【按】赵翼《甌北集》卷25,此处后有诗句"俯瞰平池浸影寒,还比江峰鼓湘瑟",这里或有脱文。

11. 鉤梯:亦作"钩梯",云梯。

12. 箭筈(kuò):箭的末端。筈,即箭发射时搭在弓弦上的部分。棧閣:栈道。

13. 陶輪手掌地:极言园林场地面积很小。

14. 前齒後齒屐:登山木屐的前后齿板。

15. 結撰:结构撰述,这里指园林建筑的构思及布局。

16. 陵谷:即"高岸为谷,深谷为陵",指地形经历了沧海桑田的变化。

17. 宛委:弯曲、曲折的意思。

18. 煙霞癖:对山林江湖的喜爱。

師子林歌

【錢塘】 吳錫麒 【聖徵】[1]

雄雷震空六甲驅,空青塞戶陰模餬[2]。
卷毛毿[3]舌形狀殊,逃盡虎豹豺狼貙[4]。
諦視細細蒼苔鋪,伏而不動非石乎。
陡間驚悸生歡娛,洞天咫尺開僊都。

中不百畒蛇綫紆[5],五里十里盤崎嶇。
前之升者猱[6]附塗,以踵摩頂仰可呼。
忽然索之又亡逋,白日在空午欲晡[7]。
翻身跳入壺公壺[8],四壁翠灑松雨麤[9]。
松生石隙老更腴,不階尺土元氣扶。
松耶石耶德不孤,石以松古青逼膚[10]。
松以石怪垂龍胡,天風來往調笙竽。
滿身雲氣窅斯須,出門輿馬喧九衢。
胸中了了邱壑俱,吁嗟乎!
胸中了了邱壑俱,千秋畫本思倪迂。

校注:

1. 吳錫麒(1746—1818):字聖征,号谷人,杭州人。清乾隆四十年(1775)进士,文学家,著有《有正味斋集》《有正味斋词集》。【按】此诗本集中未见收录,清王昶《湖海诗传》(嘉庆刻本)卷33,完整收录此诗,今据此校注。

2. 模糊:当作"模糊"。

3. 舕(tàn):吐舌头。

4. 貙(chū):古书上说的一种似狸而大的猛兽。

5. 蛇綫紆:如蛇行的弯曲迂回路线。

6. 猱(náo):传说中的一种身体便捷、善于攀援的猿猴。

7. 晡(bū):午后三点至五点,接近傍晚。

8. 壺公壺:壶公之壶,芥子纳须弥的故事,典出郦道元《水经注·汝水》。

9. 麤(cū):同"粗"。

10. 膚(fū):同"肤"。

師子林

【歸安】葉紹本【仁甫】[1]

名園緬僾蹤,奇構闢禪界。翛然闤闠[2]中,乃具林壑概。
入門無平地,仄徑走紆怪。危巒起咫尺,千疊成一簣。
磵斷嶺忽遙,岫轉亭已在。複道磴盤迴[3],石窟路向背。
突兀聳九華,奧夃[4]藏八卦。連峯七十二,一一峙嶕崒[5]。
仇池[6]非人間,武夷疑世外。緣壁迷後塗,穿窒阻前隘。
其右水榭接,石梁亘長帶。游魚紛可數,荇藻浮[7]如繪。
層闌架中沚,碧沼漾清派[8]。上有千載松,裂根石罅內。
霜皮澀[9]秋雨,輕濤激鳴籟。翠巘復林立,皴落生古黛[10]。
應接人力疲,刻畫鬼工快。異哉高士蹤,天巧恣點綴。
想其經營時,萬象方寸會[11]。邇來幾廢興,攀躋盛流輩。
蒼苔破幪屐[12],蘿薜接冠薈。寥寥千載心,此意付煙靄。
買山願未能,覽古一興嘅[13]。且住亦復佳,竹風靜梵唄[14]。

校注:

1. 葉紹本:字立人、仁甫,号筠潭,又号筠甫,湖州人。清嘉慶六年(1801)進士,任庶吉士,授編修,歷官山西布政使,降鴻臚寺卿。著有《白鶴山房詩鈔》。此詩收錄於《白鶴山房詩鈔》卷1。

2. 闤闠(huì huán):《白鶴山房詩鈔》卷1中作"闤闠",此為通常用法,指街道、市井。

3. 盤迴:盤旋回環。

4. 奧夃(yǎo):室內空間。

5. 嶕崒(qiú zú):高峻。

6. 仇池:隴西古國名。

7. 浮:《白鶴山房詩鈔》中作"净"。

8. 派：流水。
9. 溜：古同"溜"。【按】这里再次提及狮子林的跌水造景设计。
10. 皴（cūn）：树皮因受冻或风干而脱落。黛：青黑色的颜料。
11. 方寸会：聚集于胸中。方寸，内心。
12. 帬屣：《白鹤山房诗钞》中作"裙屣"。
13. 嘅（kǎi）：《白鹤山房诗钞》中作"慨"。
14. 梵呗（bài）：佛僧作法事时念诵经文的声音。

初夏遊師子林

【吳縣】周賓【蔗卿】[1]

萬卉發紫綠，我行值佳候。言尋五松園，高風緬遺構。
非與塵市遠，自覺池館舊。春來遊跡稀，一徑青苔厚[2]。
陡[3]然見奇絕，人境爭[4]異獸。勢欲挾長松，洶洶[5]作怒吼。
松間風雨聲，空中亂馳驟。幽險入深山，陰森晦白晝。
乃知運匠巧，直與神鬼鬪。疊石皆玲瓏，嵌空多巖竇。
複道千百盤，變態[6]不可究。但聞人語響，咫尺那得就。
徑轉忽疏曠，仿佛一村又。水木湛清華，煙巒露奇秀。
鶴鳴蘿磴幽，魚躍花溪皺，登臨憺忘歸[7]，清風滿襟袖。

校注：

1. 周賓蔗卿：【按】"卿"当作"乡"。今人王幼敏著《吴翌凤研究：乾嘉姑苏学界考略》载："周宾，字浣初，号蔗乡，吴县人，诸生。蔗乡为迂村先生之孙，无家，依妻党以居。授徒于外，终日咿唔，不与人接。诗无专稿，赫蹄碎纸，散乱箧中，身后益无从搜索矣。"
2. 原：《考略》中作"厚"。【按】"原"字误。
3. 陡：《考略》作"徒"。【按】"陡"字误。
4. 爭：《考略》作"蹲"。此诗句旁有小字亦自注为"蹲"。

5. 洶洶(xiōng)：洶，同"訩"，因争吵而骚乱的样子。
6. 變態：变态，这里指形状千变万化的意思。
7. 憺(dàn)忘歸：安然舒适以至于忘记了归去。

師子林

【震澤】陳大謨【亦園】[1]

入門足岡巒，攢矗嫌偪側[2]。壺中具九華，境轉更奇僻。
心欲升山巔，身先入地脈。見人手可招，尋蹤渺難及。
頭上喧杖履，腳底響箏笛[3]。一步景一換，千回勢百折。
周遭五畮[4]餘，辰游午未息。石瘦捐寸土，松長挺千尺。
濤聲蕩奇峯[5]，狻猊向人嚇[6]。翻然生悔心，失足向空擲。
多事老畫師，千秋畫一石。

校注：

1. 陳大謨：清嘉庆刻本《黎里志》载，"陈大谟，字汉光，号亦园，震泽人，诸生"。著有《洞庭游草》《寄旷庐诗集》。
2. 偪(bī)側：同"偪仄"，亦作"逼侧"，指空间狭窄、密集的样子。
3. 腳：同"脚"。箏：同"筝"。
4. 畮：同"亩"。
5. 濤聲蕩奇峯：【按】此处再次明言狮子林中的跌水景观设计，且明确为涛声，可能为后来贝润生设计的"听涛阁"原型。
6. 嚇(hè)：同"吓"。

師子林山石

【錢塘】屠倬【孟昭】[1]

老松不着土,蟠屈石骨堅。陰洞不泄雲,吐納茶竈[2]煙。
門交薜蘿暗,磴蝕苔花鮮。上下百千級,咫尺相鉤聯。
我聞雲林子,闢此小洞天。踞地吼師子,爪奮顛毛鬈。
峯顛作螺旋,地脈成蟻穿。去者方躡蹬,來者剛摩肩。
飛梁跨左股,孤亭扼中權。[3]鵲巢風欲墮。桂華月初圓。
虛中自屈曲,面勢乃獨全。苦心締靈搆,不藉神斧鑴。[4]
取象肖物情,設想參畫禪。遂移煙霞窟,日對几案前。
前游信鹵莽,擾擾物累牽。[5]詩成償夙願,已悔遲三年。

校注:

1. 屠倬(zhuō)(1781—1828):字孟昭,号琴鄔,晚号潛園老人,浙江诸暨人,寄居杭州。清嘉庆十三年(1808)进士,诗人、篆刻家,著有《是程堂诗文集》。

2. 茶竈(zào):烹茶的小炉灶。

3. 左股:左边的大腿。中權:中枢。

4. 締:创造,缔造。靈搆:精妙的结构。鑴(xī):大鼎。【按】"鑴"字的音韵与词义皆不合,"鑴"误,当作"镌"。

5. 前游信鹵莽,擾擾物累牽:前次来游时实在是草率,被众多纷纷扰扰的俗事羁绊,未能仔细看。信,诚然,实在是。鹵莽,也作"鲁莽",草率、粗疏。累牵,羁绊、困扰。

遊師子林

【海寧】查初揆【伯葵】[1]

瞿曇昔墮地,一吼竄貙犴。[2] 亦有阿育柱[3],怒猊常鬱蟠。
何年辟給孤[4],占此雲水寬。揭來帖胹尾,惟見青巑岏。[5]
犀珠迸土出,歲久成琅玕。[6] 天風一相戛[7],疑有聲珊珊。
無苔石自綠,不雨池猶寒。縈紆諸巖洞,訝是神所刓[8]。
窈窕跨虛碧,空明遂無端。流雲障面面,幽磴行團團。[9]
往還五雜組,出入雙井幹。[10] 勝游傲陶峴,褰裳成遐觀。[11]
幾時問真宰,五嶽劖心肝。[12]

校注：

1. 查初揆(1770—1834)：又名查揆,字伯葵,号梅史,浙江海宁人。清嘉庆九年(1804)举人,官至顺天蓟州知州,著有《筼谷文集》《菽原堂集》。

2. 瞿曇：即释迦牟尼本姓,又作裘昙、乔答摩、瞿答摩、俱谭、具谭。貙犴(chū àn)：亦作"貙犴"。即貙和犴,皆为传说中类似虎的猛兽。也有人认为"貙"和"犴"是同一种野兽,即貙虎之大者为犴。

3. 阿育柱：亦即阿育王柱,传说是阿育王为了弘扬佛法而在全国各地建立的多处石柱,通常柱头雕有怒吼狻猊之动物造型,柱身雕有盘龙之类装饰图案,或雕刻佛经。

4. 給(jǐ)孤：佛教语,"给孤园"的简称。

5. 揭(qiē)：离开,除去。胹(ér)尾：胡须和尾巴。巑岏(cuán wán)：山高而耸峻的样子。

6. 犀珠：犀牛角做成的佛珠。琅玕(láng gān)：如玉一般的石头。

7. 戛(jiá)：刮、吹。

8. 刓(wán)：削、刻。

9. 面面：一面面的石壁。團團：转圈圈、盘旋而上的山路。

10. 五雜組:五色编制成的丝带。雙井榦:即井干,井上围栏,也指构木所成的高架。

11. 陶峴:唐代袁郊《甘泽谣》,"陶峴者,彭泽之孙也。开元中,家于昆山,富有田业。择家人不欺而了事者悉付之,身则泛艭江湖,遍游烟水,往往数岁不归。见其子孙成人,初不辨其名字也"。裳(qiān)成遐觀:撩起衣裳纵目远眺。

12. 眞宰:万物主宰、大自然。劖(chán)心肝:这里指五岳之精华。劖,挖、凿。

師子林古松歌

周鉢【寶傳】[1]

五松園址近城市,怪石嶔崎貌獅子。
師子林今易幾姓,林樹青青常若此。
此中幽構如深山,滿崖風雨蘚蘚[2]斑。
古松枝枝作龍挂,之而鱗爪重霄間。
蒼翠彎環接水閣,鳥飛冥冥松子落。
夕陽欲下陰四蓋,白雲開處天一角。
劃然[3]天際吹寒潮,潮聲颯颯秋風高。
洞腹忽看蒼鼠出,樹頭疑有飢鼯[4]號。
當年不知誰手植,但聞倪迂此棲息。
一邱一壑滄桑餘,高人獨潤林泉色。
只今黛色欲參天,重崖複磵[5]還依然。
盤桓流憩興無已,素鸞西馭凌蒼煙。

校注:

1. 周鉢:"鉢"即"钵"。清道光刻本《苏州府志·人物志》载:"周钵,字宝传,号半楼,长洲人,课徒自给,贫不受人馈……耽于诗,以布衣终年七十有一,著有《半楼诗稿》。"

2. 薶(mái):涂污。

3. 劃然:豁然。

4. 鼯鼠(wú):一种昼伏夜出的树鼠。

5. 複磵(jiàn):一条条溪涧。

師子林十二詠用高青邱韻

【長洲】吳翌鳳【枚菴】[1]

師子峯
萬壑起風聲,羣獅吼山夜。中有忘世人,結屋松根下。
含暉峯
山影靜含暉,疏林澹夕霏。娛人蒼翠色,坐對憺忘歸。
吐月峯
空山寂不喧,待此山中月。忽然月上來,恰補高峯缺。
立雪堂
天寒山色靜,風雪夜深時。獨對千峰立,高人應未知。
臥雲室
萬壑千巖裏,白雲午未開。此中高臥穩,時有鳥聲來。
問梅閣
昨夜山中雪,寒梅開幾許。日暮倚竹林,脈脈[2]無人語。
指柏軒
清風颯然來,吹醒忘機客。枯坐澹無言,堅貞如此柏。
玉鑑池
一片空明水,微風澹欲波。我來愁鑑影,只恐鬢絲多。
冰壺井
古井水不波,清冽沁齒冷。松葉火初紅,朝來汲修綆。

修竹谷
天外落奇峰,恰當修竹後。來參玉版禪[3],翠滴滿山口。

小飛虹
渾疑昨夜雨,蝃蝀見清朝[4]。時有聽泉客,支筇度小橋。

大石屋
誰將混沌鑿,四壁有奇紋[5]。一閉今千載,重重封白雲。

校注:

1. 吳翌鳳(1742—1819):字伊仲,号枚庵,一作眉庵,别号古欢堂主人,初名凤鸣,祖籍安徽休宁,侨居苏州。诸生,晚清著名藏书家。

2. 脈脈(mò):即"脉脉"。

3. 玉版禪:即玉版禅师。典出苏东波以玉版禅师善说佛法来比喻美味竹笋的故事。

4. 蝃蝀(dì dōng):本义指彩虹,这里指拱桥。見(xiàn):出现。清朝(zhāo):早晨,清早。

5. 誰將混沌鑿,四壁有奇紋:谁把混沌凿开成了大石屋一样的空间,四周墙壁上有奇妙的纹理。

遊師子林

【吳縣】 邵禮泰 【棲黙】[1]

名園數吳中,奇絕獅林最。想當結構初,俯視巖壑碎。
廣約十丈强[2],形惟一邱大。倒地穴玲瓏,曲盡蜿蜒態。
五松著土稀,歲久森成蓋。天機信清妙,人工滅剗裁。
昨逢春雨霽,幽尋滌塵壒[3]。倚樹風吹衣,穿洞蘚侵帶。
花間清磬落,池上幽禽會。崎嶇不用經,瀟灑常宜對。
莫謝看竹人,重來隔煙靄。

校注:

1. 邵禮泰:字棲默,吴县人,晚清文人,有《默齐诗钞》。
2. 强:多。
3. 塵壒(ài):飞扬的尘土,这里指尘俗。

遊師子林

【東武】王賡言【簣山】[1]

居士高蹏[2]何處尋,果然城市有山林。
一邱一壑皆天趣,疑幻疑眞費匠心。
古樹凌霄清蔭滿,危巖過雨白雲深。
晨鍾暮鼓相鄰近,疑是獅王吼罷[3]音。

校注:

1. 王賡言(1762—1825):字赞虞,号簣山,山东诸城人。清乾隆五十八年(1793)进士,历任吏部考功司主事、文选司员外郎、掌稽勋司监督、户部宝泉局、广信府知府、江西按察使、常镇通海兵备遵守,道光初年任江苏布政使等职。著有《山堂诗集》《车中吟》《四书释文》《东武诗存》等。
2. 蹏(tí):同"蹄",这里指足迹。
3. 罷(bà):同"罢",终了、结束。

師子林

【丹徒】楊試德【允新】[1]

疊石造奇峯,高下插林麓。咫尺幻深意,一步窮百曲。
方期上懸厓[2],忽復入山腹。仄徑落松花,石乳滴寒綠。

倒影浸池波，玲瓏洗羣玉。日夕聞寺鐘，斜陽杳深谷。

校注：

1. 楊試德：民國退耕堂刻本徐世昌《晚晴簃诗汇》卷111載，"杨试德，字允新，丹徒人。诸生，著有《古雪阁诗钞》"。

2. 懸厓：悬崖。

師子林訪黃四春衢[1]

【昭文】吳蔚光【悲甫】[2]

夙聞師子林，乃屬師林寺。粉本自倪迂，結構良不易。
後爲五松園，以木得名字。丱髮突而弁[3]，廿載牽夢寐。
有如三神山，風引未能至。我友今顏回，爲人最肫摯[4]。
文辭冶金純，容貌礱玉粹[5]。買宅清漳濆，先人實高寄。
東西兩頭住，晋傳到昆季[6]。阿大及中郎，聯翩拔文幟。[7]
雄詞照石渠，鴻筆冠金匱。[8]而子抱領珠，尚作癡龍睡。[9]
曩踏京洛塵，差長惡兄事。[10]燕歌聊抵掌，吳詠聊捉鼻。[11]
一從返東郡，出入似相避。豈敢誚凡鳥，到門但投刺。[12]
姑蘇六月暑，南風激涼吹。清陰眄檜柏，濃香想荷芰。
天教入林中，稽阮重把臂[13]。清言畧寒暄，妙語閒游戲。
林泉落吾手，不暇及家累。刮目絢春紅，舞眉撲[14]秋翠。
剔透眾縐[15]堆，五嶽起平地。奚奴[16]導之先，爾我後鱗次。
穿洞朱曦[17]柔，扳崖白雲媚。周遭谽空靈，層折引深邃。
露角石欲吼，藏根樹將墜。上下千百步，所遇無一致。
天然好圖畫，工巧成位置。翻愁鬼神見，競齲發猜忌。
拜倒高士風，雲林隔清閟。怪子富門才[18]，下筆入思議。
朝爽納研席，夕霏[19]灑牀被。寒士有如此，足勝萬間庇。

云何隔三歲,歡顏頗憔萃[20]。嘔心塞詩囊,貯腹飽經笥[21]。
佇看三鳳皇[22],齊展河東翅。蘭成小園居,敝帚恐同棄。
歷落嶔崎[23]人,一月廿九醉。致身雖不早,肯負平生志。
湖田結茅屋,春耕買烏犉[24]。煙霞養愚蒙,溪壑靜驚悸。
刺船向魚梁,負鍤過鹿柴。[25]何必上頭,東方千餘騎。
君子多古歡,好之曷飲食。況有臺池勝,物聚以其類。
相見披心肝,粗願始一遂。作詩苦牽率,了不異人意。
主客爲誰與,吳二與黃四。

校注:

1. 黃四春衢:【按】"春衢"当作"云衢"。黃腾达,字云衢,清乾隆二十六年(1761)进士,官任礼部给事中,与吴蔚光同僚为友。"吴二"与"黃四"是同僚或朋友在一起时的序齿排序。

2. 吳蔚光(1743—1803):字悊甫,又作哲甫,号竹桥、执虚、湖田外史,安徽休宁人,寓居常熟。清乾隆四十五年(1780)进士,选庶吉士,授礼部主事,学者、诗人,著有《素修堂诗集》《小湖田乐府》。

3. 丱(guàn)髮突而弁(biàn):少年转眼长成年。丱:儿童时扎的两只角辫子。弁:成年男士的礼冠。

4. 肫挚:真挚诚恳。

5. 礱(lóng):琢磨玉器的石头。玉粹:像玉一样的纯美。

6. 昆季:兄弟。长为昆,幼为季。

7. 阿大及中郎:这里指黃腾达,官任礼部给事中。文幟:文坛的旗帜。

8. 石渠、金匱:皇家的秘书处。"石渠"即"石渠阁",西汉位于长安未央宫的皇家藏书阁;"金匱"即"金匱石室",是西汉秘藏国家重要文书的地方。

9. 抱領珠、癡龍睡:比喻人怀才蛰居、蓄势待发的状态。典出《幽明录》。【按】"而子"当作"二子"或"次子",指后来状元及第的弟弟、时园主人之一的黃轩。

10. 曩踏京洛塵,差長忸(nǜ)兄事:从前咱们一起在京城为官的时候,我年岁痴长而愧为兄长。曩,从前。京洛塵,本义是京城的尘土,代指在京城为官。忸,惭愧。

11. 抵掌:击掌、鼓掌,形容欢畅无拘束。捉鼻:遮掩鼻子。

12. 誚凡鳥：讥诮那些才能平庸的人。投刺：投递名帖，古代登门拜谒主人的一个交往环节，类似于后来的通名报姓。

13. 稽阮重把臂：【按】"稽"当作"嵇"。"嵇阮"即嵇康与阮籍。把臂，相互握住手臂。

14. 撲(pū)：同"扑"。

15. 縐：同"绉"。

16. 奚奴：奴仆。

17. 朱曦：微微泛红的晨曦。

18. 門才：世家大族中有才能的人。

19. 夕霏：洒落的夕阳。

20. 憔萃：憔悴。

21. 笥(sì)：盛物的竹器。

22. 佇看三鳳皇：吴伟业曾称赞清初的宜兴人陈维崧、吴江人吴兆骞、松江人彭师度为"江左三凤凰"。

23. 歷落嵚崎：即"嵚崎历落"，比喻品格与仪表都很出众的人。

24. 烏犉(bó)：黑色的母牛。

25. 刺船向魚梁，負鍤過鹿柴：划船去河中的捕鱼水坝，扛着铁铲走过篱笆院落。刺船，撑船。鱼梁，渔梁坝，在河中设置的用于捕鱼的水坝。负锸，用肩扛着铁铲(铁锹)。鹿柴，篱笆栅栏。

同胥燕亭[1]明府遊師子林

【善化】唐仲冕【六枳】[2]

鹿獨事塵鞅，狼顧阻遊蹤。[3]城中師子林，三載隔咫尺。
勝侶携芳樽，幽棲接吟屐。池開見孤亭，人立驚怪石。
初疑位置疏，旋覺蹊徑僻。曲折似頻經，蘚苔無複跡。
俯視重潭清，仰窺一峰碧。倚筇坐松根，攀藤騎屋脊。
如行數里遙，未覺百弓窄。因思雲林迂，絕似平泉[4]癖。

殘毀見匠心,況在始經畫。⁵ 稍憩欲重遊,當關⁶報將夕。

出門戀煙霞,分手挂帆席⁷。

校注:

1. 胥燕亭:字绳武,清代安徽凤台人,贡生,曾任萍乡知县,著有《晋普山房诗抄》。

2. 唐仲冕:字六枳,号陶山,湖南善化人。清乾隆五十八年(1793)进士,历任荆溪、奉贤、吴江、吴县等地知县。

3. 塵鞅:世俗事务。狼顧:狼行途中常常警惕地回头,这里指仕途多艰难困厄。遊蹠(zhí):游观的脚步。蹠,脚掌。

4. 平泉:即平泉山庄,是中唐著名宰相李德裕在洛阳郊外营建的山园。

5. 殘毀見匠心,況在始經畫:残破损毁后依然可以看出(假山营造)独具的匠心,何况当初刚建成时是何等的巧妙。

6. 當關:守门人。

7. 挂帆席:别离远行。

遊師子林用王右丞¹過香積寺韻

【吳縣】 尤興詩 【春樊】²

曲曲數弓地,盤空千萬峰。雲驚穿徑鳥,風送隔牆鐘。

春暮人連袂,年深瓦長松。倪迂工結構,夭矯殆猶龍。³

校注:

1. 王右丞:即王维,别称"诗佛""王右丞"。此诗用王维《过香积寺》韵,王维诗原文为:"不知香积寺,数里入云峰。古木无人径,深山何处钟。泉声咽危石,日色冷青松。薄暮空潭曲,安禅制毒龙。"

2. 尤興詩:字疑三,号春樊,一号月舫,苏州人。清乾隆五十一年(1786)举人,官内阁中书,致仕后主持平江书院19年。

3. 結構:设计构思。夭矯:盘旋屈伸的样子。

吳門紀遊

【臨川】樂鈞【元淑】[1]

天如種竹處，元鎮疊石存。巧偷蓬嶠[2]勢，盡化筆墨痕。
羣眞[3]會一宅，衆妙分千門。隔牆即塵土[4]，何地宜壺尊。

校注：

1. 樂鈞(1766—1814)：原名宮譜，字效堂，一字元淑，号莲裳，别号梦花楼主，江西临川人。清嘉庆五年(1800)举人，著名文学家，与蒋士铨、勒方錡、文廷式并称为江西四大家。
2. 蓬嶠：即蓬莱与圆峤，神话传说中的两座仙山。
3. 羣眞：泛指道教中的真人或佛教中的真佛。
4. 塵土：红尘世俗之境。

初夏遊師子林即事

【常熟】黄廷鑑【琴六】[1]

臨頓里仍古，招提徑尚通。迴環巖洞裏，起伏水雲中。
蘿薜迷遊屐，鶯花戀晚風。攀尋寗厭數，奇境詫蠶叢。[2]

校注：

1. 黄廷鑑(1762—1842)：字琴六，自号拙经逸叟，清代江苏常熟人。诸生，校勘家、藏书家。精于考证，研摩群籍，手校者百数十种，著作有《琴川三志补记续记》《第六弦溪文集》。
2. 攀尋寗厭數，奇境詫蠶叢：爬山观景岂会厌倦一遍遍地探寻，崎岖山路之园境就像蜀地的蚕丛古国。寗，即"宁"，岂、难道。厭，即"厌"，满足。

數,眾多。蠶叢,即"蠶叢",蜀地古國名,這裡代指崎嶇險峻的山路。

重遊師林寺

【長洲】汪祥楷【萬青】[1]

孤峯青不了,寒翠落繩牀。半鉢松花冷,一鑪柏火香。[2]
時來尋舊雨,曾此乞新筜。不見無多日,閒花滿草堂。

校注:

1. 汪祥楷:清道光年間諸生。【按】同治刻本《蘇州府志》卷120載:"監生汪祥楷妻朱氏,守节三十二年,年六十二卒。前巡抚林则徐给'竹柏同青'额,学政李联琇给'茹荼励志'额。"可知汪祥楷應該是英年早逝。
2. 鉢(bō):同"钵"。鑪(lú):同"炉"。

徐琢珊[1]秀才邀遊師子林作

【大興】舒位【鐵雲】[2]

到此洞門開,不覺俯而入。小山宮大山,風雨通呼吸。
仄徑蟻曲穿,幽巖蟲[3]漸蟄。低引一泉流,險鑿四壁立。
何殊循牆走,頗欲擇木集。百轉百邱壑,一步一階級。
縮地無近謀,漏天有餘澀[4]。雲林老畫師,筆筆不相襲。
凝神慘經營,彈指妙結習[5]。獅以石粼粼,龍以松粒粒。[6]
咫尺頃刻間,爾我不暇給。入山何必深,入林何必密。

校注:

1. 徐琢珊:字福畤,清代蘇州人,秀才,與顧廣圻為府學同窗。李福《花嶼讀書堂詩鈔》中有《祭徐琢珊文》。

2. 舒位:清同治刻本《苏州府志·流寓》载,"舒位,字立人,自号铁云,大兴人。乾隆戊申(1788)举人……于学靡不究,而尤工于诗"。

3. 蟲(chóng):同"虫"。

4. 澀(sè):同"涩"。这里指山岩罅隙处起伏不平、不光滑。

5. 結習:佛教语,本义指积累的业果,这里指经过长期的练习而得到的技术。

6. 獅以石粼粼,龍以松粒粒:峰峰山石皆如狮,棵棵松树都似龙。

師子林

【武康】徐熊飛【雪廬】[1]

奇峯指掌收,探幽入山腹。雲根[2]昧昏曉,一步一側足。
磴道緣青冥,石故撓之曲。陡絕不可通,飛橋暗中伏。
仰攀枯籐枝,漸就隔林屋[3]。崩崖攫人來,奮怒走平陸。[4]
初如蟻穿珠,既若雉登木。勢將凌高邱,忽復墮深谷。
逶迤陟奔峭,屏障屢迴複[5]。松根蟠虯蛇[6],石角觸眉目。
得非鬼斧劌,疑是地維縮。[7]浮屠多技能,設此狡獪[8]局。
九華納壺中,須彌藏一粟。孤亭翼而張,向背駭瞻矚[9]。
秋風時一鳴,巖洞應笙筑。狡獪瞰法界,龍象運寒玉。
天洩造化機,山靈應夜哭。[10]

校注:

1. 徐熊飛(1762—183):字子宣,一字渭扬,号雪庐,别号白鹄山人,浙江德清人。清嘉庆九年(1804)举人。著有《白鹄山房诗选》《六花词》等。

2. 雲根:这里指洞壑。

3. 漸就隔林屋:逐渐走近隔着山林的屋子。就,靠近。

4. 攫人、奮怒:这里皆为以狮子来描述园中假山山峰的态势。

5. 迴複:回还往复。複,同"复"。

6. 虯蛇(qiú shé):即"虬蛇"。

7. 得非鬼斧劖(chán),疑是地維縮:叠山所用的工具并无鬼铲与神斧,怀疑这样奇妙的作品是大地奇景的天然浓缩。劖,挖、铲。地維,牵拉住大地的绳索。

8. 狡獪(jiǎo kuài):机巧、机灵。

9. 駭瞻矙:让人俯仰看去都很惊骇。

10. 天洩造化機,山靈應夜哭:大自然泄露了造山的机密,山神应该要夜晚偷偷哭泣了吧。洩(xiè),同"泄"。造化機,大自然造物的机密。山靈,山神。

五松園

前 人[1]

片雨洗新綠,引人山水情。入門惟石氣,高樹有風聲。
野鳥來窺戶,孤雲不出城。名流清嘯地,邱壑憶平生。

校注:

1. 前人:此诗作者信息不详,待考。

游師子林

【長洲】郭青【外山】[1]

雲林工疊石[2],古洞見天眞。轉處疑無路,行來恰有人。
險夷[3]安可測,咫尺杳難親。欲出迷幽徑,相逢數問津。

校注:

1. 郭青:字商尊,原名琏,号外山,清嘉庆二十年(1815)府学贡生。道光刻本《苏州府志·选举》有志。

2.【按】这里误把倪云林当作狮子林假山的设计师了。
3. 險夷:险峻与平坦。

重游師子林

前 人[1]

記得從前到,于今已十年。此來還仿彿,欲去更流連。插木渾無地,穿雲別有天。何勞方外想,是處即神僊。

校注:
1. 前人:此诗作者信息不详,待考。

師林寺五絕句和朱野苹[1]文漣同年韻

【吳縣】汪枕【季白】[2]

玉鑑池
孤僧踏月來,古池冷月守。一霎風搖月,松影驚魚走。

修竹谷
雲路杳然曲,疏鐘鳴斷續。林深不見人,古谷春煙綠。

問梅閣
鳥聲散夕陽,白雪消幾許。春風來未來,問梅梅不語。

立雪堂
踏月月來去,立雪雪不飛。別有忘寒處,無人識此時。

臥雲室
澹然雲夢覺,石牀雲意薄。起看數峯間,雲中月未落。

校注:

1. 朱野苹:【按】清同治刻本《苏州府志·选举》载,"朱文涟,字野苹,苏州人。道光十六年(1836)进士,曾任贵州知县"。

2. 汪枆:【按】清道光刻本《苏州府志·选举》载,"汪枆,字季白,苏州人,道光五年(1825)进士。"

遊師子林

【元和】盧希晉【康錫】[1]

春深長薜荔,亭古上莓苔。意想不到處,忽然山洞開。
深林藏鳥語,窄徑偪[2]人來。欲上高峯頂,蠃[3]旋往復回。

校注:

1. 盧希晉:清代苏州文人,与彭元灏合辑有《试帖织云》2卷。咸丰元年,卢希晋为元刊本《玉山草堂雅集》13卷撰写了经眼题录,缪荃孙《艺风堂文续集》卷7有所收录。

2. 偪(bī):同"逼"。

3. 蠃(luǒ):同"蜾(guǒ)",一种寄生蜂。

師子林示同遊者

【元和】朱綬【仲環】[1]

高下曾無一步平,松風長日不同聲。
能穿幾兩登山屐[2],何苦盤中屈曲行。

校注:

1. 朱綬:字酉生,又字仲环,晚年改字仲洁,苏州人。清道光十一年

(1831)举人,以诗文与仁孝受到巡抚陶澍、林则徐等人嘉许,曾任梁章巨幕僚。

2. 能穿幾兩登山屐:这里的假山能够磨破几双登山木屐。穿,磨破。幾兩,几双。

借榻師林寺

【吳縣】張壽祺【少溪】[1]

巖壑紆迴處,禪房位置幽。水橋山底路,林葉寺門秋。
石屋鐘聲度,玉池松影流。煙霞吾有癖,借榻與僧謀。

校注:

1. 張壽祺:字少溪,清代吴县人,其他信息不详。同治刻本《苏州府志》载,太平军入吴战乱期间,"张少溪妻王氏、媳蔡氏,与二女定郎、止郎被掠,不辱俱死"。可知其为道光、咸丰年间的文人。

三月十四日遊師子林作

【長洲】褚逢椿【仙根】[1]

柳花吹暖過清明,最好園林日日晴。
小隊肩輿[2]珠絡索,相逢合賦麗人行。

校注:

1. 褚逢椿:号仙根。【按】同治刻本《苏州府志·人物》载,褚逢椿,字锡庚,诸生。又【按】《顾廷龙全集·文集卷·下》载,逢春,字锡庚,又字㑺(jiǒng)根,江苏长洲(今苏州)人。清嘉庆十三年(1808)入庠,与朱绶酉生切磋学问,交最深。工诗、古文辞,隶、楷并浑厚秀润。

2.肩輿：一种形制为二长竿、中置椅子以供乘坐的简单轿子，通常为二人肩扛。

遊師子林次郭忠訓[1]韻

前 人[2]

出遊偶欲趁晴曦，恰得閒行伴侶時。
花墮虹藤盈曲檻，雨多魚沫上平陂。
園林幾樹畱倪筆，車馬頻年憶習池[3]。
今日春風渾莫定，衣香新句摘邱爲。

校注：

1.【按】同治刻本《苏州府志》载："郭忠训，字古畬。诸生，有《兰茗馆集》。"又【按】《常昭合志稿·人物·文学》载："郭忠训，字古于、昭文，诸生；父梓材，字小若，以廪贡署靖江训导；有时誉，与郏(jiá)兰坡相倡和；忠训尤喜为诗，与周菘畦、方子渔辈吟筒往还，多隽雅之作。"

2.前人：此诗作者信息不详，待考。

3.习池：习家池，又名高阳池，东汉襄阳侯习郁的私家园林，在湖北襄阳城南凤凰山，有"中国郊野园林第一家"之誉。

師 子 林

【長洲】 錢瑤鶴【子霞】[1]

池臺無恙繚垣遮，化日壺中緬翠華[2]。
蒼蘚長封前代石，紫藤自了一春花。
名園粉本傳高士，喬木清陰屬故家【近爲黃小華觀察別墅，子孫守焉】。

分卻煙光共消領³,玉驄纔繫又鈿車⁴。

何年鬼斧擘⁵芙蓉,陰壑晴厓⁶疊復重。
風月閒身幾兩屐,滄桑遺跡五株松。
難尋季迪⁷題書壁,儘有元章⁸下拜峯。
語燕歌鶯春似海,無人解聽隔林鐘【圓鄰畫禪寺】。

校注:

1. 錢瑤鶴:字白仙,号子霞,苏州人。清嘉庆年间(1796—1820)太学生,精于书画,楷书尤其精绝。

2. 化日:白昼。翠華:皇帝出行时的仪仗。

3. 消領:消磨领受。

4. 玉驄:玉花驄,泛指骏马。纔繫:才系住、刚刚拴马。鈿車:用金银螺钿嵌饰的车子。

5. 擘:行间以小字修改为"劈"。

6. 厓:同"崖"。

7. 季迪:高启,字季迪。

8. 元章:米芾,字元章,北宋著名书法家、画家。

為映月上人題黃穀原主簿所寫獅子林圖¹

【吳縣】 王汝玉【韞齋】²

伊昔師子林,剏³自僧天如。雲林作圖繪,筆墨何蕭疎。
王蒙難夢見,意趣荆關符。⁴流傳五百年,真本曾臨橅⁵。
煙雲易變幻,風月同嗟吁。此卷以意造,奚必出一途。
要之畫高古,亦爲時史無⁶。上人守宗風,同調趣不孤。
爇香試展讀,彷彿穿林於。⁷果疑天目巖,飛到精藍居【青邱師子峯詩:疑自天目巖,飛來此林下】。

好開獅子窟【映公所居之名】,什襲⁸永寶諸。倘能學因公,索序余當書【青邱師林十二詠序爲僧因公所作】。

校注:

1. 黃毅原(1775—1850):黃均,字谷原,苏州人。清代著名书画家,嘉庆初年,织造署考画得主簿,选入内廷供奉。【按】由此诗题可知,黃均曾绘有《狮子林图》。

2. 王汝玉(1798—1852):字润甫,号韫斋,清代苏州人。诸生,画家,著有《闻妙轩诗存》。

3. 刱(chuàng):同"创"。

4. 王蒙難夢見,意趣荊關符:此处以诗句转述倪云林在《狮子林图》中的图序。

5. 臨橅:临摹。

6. 史無:史上所无。

7. 焚(fén):即"焚"。林於:又作林于、林棽,即竹林。

8. 什襲:层层包裹以珍藏。

師子林十二詠和靑邱韻

【元和】潘胎【桼甹】¹

獅子峰
蒼茫西城來,古洞蹲昏夜。一聲鞳鞺鐘,怗息禪關下。²

含暉峰
中峯淡落暉,秋色染林霏。涼翠橫無際,開軒鶴正歸。

吐月峰
羣山列雲中,一峰露新月。練影淨長空,白補松梢缺。

立雪堂
一寒跏坐久,人語放參³時。妙諦鑪中火,消融只自知。

臥雲室
一枕沈[4]酣睡,流霞石壁開。殘鐘催夢醒,應見古樵來。

問梅閣
蠟屐[5]點蒼苔,消息春如許。黃月照樓心,瘦影和香語。

指柏軒
灑雨沁深綠,開樽對嘉客。松風散急響,搖曳凌霜柏。

玉鑑池
璀璨新磨鏡,清池掬嫩波。菱花如在手,兩鬢落星多。

冰壺井
圓甃[6]綴苔痕,晶瑩秋月冷。空潭証道心,濯魄操修綆。

修竹谷
寒碧映籬根,解籜[7]山前後。扶杖訊東橋,寺門迷谷口。

小飛虹
垂藤橫石澗,雲氣護連朝。欲訪天台路,僊游第幾橋。

大石屋
架屋勢盤囷[8],牀邊上蘚紋。不知人入畫,四壁起煙雲。

校注:

1. 潘眙(hào):字卿華,号燃芟,苏州人,清嘉庆二十三年(1818)举人。
2. 一聲鼞鞳(tāng tà)鐘,帖息禪關下:一声深沉的钟声,使寺庙里的人们都安心平静了下来。鼞鞳,深沉的钟声。帖息,安息、安心。
3. 放参:佛门中放免晚参(晚上坐禅)。放参须敲钟三下,谓之放参钟。
4. 沈:深、沉。
5. 蠟屐:踩着黄色蜡梅落蕊的脚步。蠟,黄蜡色。
6. 圓甃:砌筑成圆形的井栏。
7. 解籜(tuò):竹笋上脱落的笋皮。
8. 盤囷(qūn):圆形盘桓如谷仓一样的建筑。

春日過師子林兼懷覺阿上人[1]

【吳縣】馮世濬【文泉】[2]

廿年塵夢是耶非,冷落園林景色稀。
松石春生音盡遠,琴書星散鶴空歸【謂黃子春】[3]。
因思往事償詩債,勘破禪心了佛機。
只有梅華渾似舊,暗香仍上故人衣。

校注:

1. 覺阿上人:即釋祖觀,清道光、咸丰年間的吳地名僧,长洲人。俗姓张,名京度。

2. 馮世濬:号文泉,清代苏州人,生平信息不详。其妻黄氏以节烈录入同治刻本《苏州府志·烈女表》,可知其英年早逝。

3. 黄子春(?—1860):名淳熙,字子春,江西鄱阳人。清道光二十七年(1847)进士,为人正直刚毅,先后转任多地知县、知府,后为湘军将领,卒于湘军与太平军的四川战事中,谥忠壮。

觀師子林假山

【涇縣】朱琦【蘭坡】[1]

兩崖撐[2]澄冥,秀絕不成削。玲瓏幻萬狀,巧奪鬼斧鑿。
誰知雲林翁,胸中富邱壑。經營兼曠奧,矗立若礠礐[3]。
水疑仇池[4]清,峯有文筆卓。奔騰鬪奇險,此掎彼乃犄[5]。
羅列盡森然,匿色[6]之而作。負嵎振突怒,對我勢欲攫[7]。
蒼蒼五大夫,歲久枝化鶴【上有五松】。空際蟠孤根,天風吹不落。

白雲補石隙,滃鬱[8]微露角。高下心茫如,將迴足盤躩[9]。
洞口聞人聲,趾頂忽相錯。壺公偶游戲,袖裏即寥廓。
長嘯呼倪迂,終古畱犖确[10]。寒山青在望,願許三生約。

校注:

1. 朱琦:字兰坡,安徽泾县人,清嘉庆三年(1798)进士。同治刻本《苏州府志》载:"朱琦先世本吴人,自吴迁婺源,自婺源迁泾。既归,主讲江宁钟山书院,移苏州正谊书院,又移紫阳书院。"
2. 撐:撑。
3. 磽礐(qiāo què):坚硬的石头谓"磽";山多大石谓"礐"。
4. 仇池:陇西古国名。
5. 掎(jǐ):古同"倚",支撑。觕(cū):同"粗"。
6. 匪色:彩色。
7. 攫(jué):抓取。
8. 滃(wěng)鬱:云气盛出的样子。
9. 盤躩(jué):盘旋进退,古代行礼时的动作或姿势。
10. 犖确:亦作"荦硞""荦埆""荦峃",怪石嶙峋的样子。

師子林

[常熟] 華宜 [左之][1]

石如簪,腳疑將[2]。折洞如甕,口愁爲跼[3]。
一望宛然,無數狻猊。或立或臥,或仰或俯伏。
不辨是石還是獅,但見鉤爪鋸牙羅列而驚目。
此之獅欲舞,彼之獅欲齫。小獅大獅抱,上獅下獅負。
幾獅肥,幾獅瘦。雨來風起忽訝羣獅吼,雲護煙籠不見羣獅走。
獅林之徑折三層,記取羣獅始可登。
靈境元無迂枉步[4],祇恐迷卻貽獅嚩[5]。

我來獅林今已再[6],玲瓏熟識羣獅態。

穿獅腹,跨獅背。直立而上獅子頭,獅乎獅乎我不昧。

校注:

1. 華宜:字左之,晚清无锡市荡口镇人,为鹅湖华氏后裔,有《左云诗草》6卷。父华白;弟华有,字右之。荡口与常熟邻接,华宜与常熟翁同龢交善,翁赞其诗:"能冲淡夷犹,不失温厚和平之旨,且屡屡以安分知命为言,此非观道之久,养气之深,实有得于中,其能及此耶?"

2. 腳(jiǎo):同"脚"。疑將:犹疑前行,踟蹰不前。

3. 口愁為跼(jú):口述困难,难以表达。跼,受困,拘束。

4. 靈境:神圣而妙境,多指寺庙所在的名山胜境。元:本来。迂枉步:迂回虚幻的路径。

5. 迷卻:迷失。卻,同"却"。貽:遺留,等待。獅嚬(pín):狮子开口,这里指用说佛法来开释迷惑。

6. 已再:已经是第二次。

師子林

謝永鑑【鐵松】[1]

無多邱壑饒眞趣【園中有御書眞趣扁額】,幾箇峰巒勢欲崩。

小洞深幽花曲折,古松偃仰石崚嶒。

風來虛閣聽獅吼,雲散當樓看月升。

舊蹟依然高士杳,一橋春水浸珠藤。

校注:

1. 謝永鑑:字铁松,清代人。生平信息不详。

古獅林十二詠

【梁山】劉泳之【梁壑】[1]

青邱子獅子林諸詠或在或否,名迹足重。自獅子峰而下,各賦四韻,仍其舊顏。

獅子峰
陰風偃勁草,未至毛髮竪。劃然天地晦,一吼破雷雨。
特兀古已尊,勢欲吞貔虎[2]。何當問巨靈,心懾竟莫吐。[3]

含暉峯
憺忘始自佳,頗復賞心遇。何須登雲梯,終日得靈悟。
連峯意不盡,一拳獨屢顧。遨遊泉石間,清暉且畱住。

吐月峯
危峯抉陰霓,萬象值其內。炯然吐白毫[4],了若無所礙。
平生抱幽壑,舉足時養晦。道心方自閒,孤寂啟宵昧。

立雪堂
道在豈外人,不能譽以口。虛室止吉祥,所得亦非偶。
古有立雪風,來者孰曰否。同轍分漸頓,莫懼曠日久。

臥雲室
白雲狎無心,飄然若孤鶴。朝從川上來,浩浩秋宇廓。
既乏作霖雨,終欲笑龍蠖[5]。所思餐霞人[6],相將臥林壑。

問梅閣
清晨下蓬閣,但為梅花起。心遠屢欲前,頗已失之邇。
晚步明月歸,覺來比舍[7]是。鼻觀[8]能譽人,春風自莞爾。

指柏軒
禪宗示一指,其意揭嶺表[9]。怡然柏樹間,相視輒了了。

我希無言師[10],大道懼莫曉。危坐始自言,多謦孰非[11]擾。

玉鑑池
玉池如鑑平,天開月華色。浩然思箕潁[12],清風將安極。
我持一瓢餘,焉得不努力。澄瑩類淵古[13],渺焉非所惑。

冰壺井
玉色澄冰壺,下疑明月窟。湛湛映千春,一勺孰可竭。
於時思丹砂,誓將刻肌骨。神仙可寓言,其事亦恍惚。

脩竹谷
朝陽下幽谷,綠霧寒不定。回飇時泠然[14],一鳥忽深應。
初疑風雨懷,便覺山水勝。長嘯殊未言,瑤華竟相贈。

小飛虹
爲虹作長橋,五色[15]騰光采。凌虛形飄蕭[16],引領企所在。
我思乘無倪,千載儻[17]相待。會當從津梁,因之叩眞宰。

大石屋
石屋無四鄰,端居多坦易[18]。不識我事閒,但覺巖穴肆[19]。
有時延清風,或與白雲至。何必貽遠才,即此經世意[20]。

校注:

1. 劉泳之(1809—1850):初名刘泳、刘荣,字彦沖,号梁壑、梁壑子,清代四川铜梁人,寓居苏州,善绘画。【按】同治刻本《苏州府志·流寓》:刘泳之,祖维五,官江苏某县县丞。父致敬,从宦来吴,娶于吴王氏,终身依王氏。泳之生四岁而孤,及长,能读书为诗古文辞,以未箸籍,例不得与试,故不事举子业。

2. 貔(pí)虎:传说中一种似熊似虎的野兽。

3. 巨灵:传说中力大可以劈山的河神。莫吐:莫敢开口。

4. 白毫:月光。

5. 龍蠖(huò):意思是以屈求伸、谋走捷径。《易·击辞下》:"尺蠖之屈,以求信也;龙蛇之蛰,以存身也。"

6. 餐霞人:得道成仙的人。

7. 比舍:邻居、邻舍。

8. 鼻觀:用鼻子嗅聞。
9. 嶺表:五岭以外的地方。指岭南。
10. 無言師:不言之教的老师。
11. 孰非:孰是孰非、是是非非。
12. 箕潁:箕山和潁水。相传尧时,贤者许由曾隐居箕山之下、颍水之阳。后以"箕颍"代指隐居者或隐居之地。
13. 淵古:远古,上古。
14. 回飈(biāo):亦作"回飙",旋转的狂风。泠然:轻妙的样子。
15. 五色:虹霓的颜色。
16. 飄蕭:飘逸潇洒的样子。
17. 儻(tǎng):倘若。
18. 坦易:坦率平易。
19. 巖穴:山洞。肆:陈列。
20. 貽遠才:把才情留待给远方。經世:经营现世。

走筆示師林映公[1]

前　人[2]

虛堂寂靜雷雨走,老蛟挾子獅怒鬪。
道人危坐了不聞,秋風獨指黃花[3]嗅。

校注:

1. 映公:即映月上人杲朗。
2. 前人:此诗作者信息不详,待考。
3. 黃花:【按】由后录顾锦涛《秋日寓狮林寺夜坐有怀》诗可知,此间狮子林新增了数种品甚清奇的菊花。

秋日寓師林寺夜坐有懷

【吳縣】顧錦濤【湘皋】[1]

虛堂人靜後,古佛對殘檠[2]。
落月三更色,懷人千里情【謂北上諸友】。
舊詩僧見賞,新鞠[3]客難名。【寺有鞠花數種,品甚清奇,俱不知名,乞余名之。憶宋人有詠無名種牡丹句云:我欲命名名不得,有名無實不如無。遂書二句於盆側】。
孤坐獅峰下,聽秋夜吼聲。

校注:
1. 顧錦濤:号湘皋,清代人。生平信息不詳。
2. 檠(qíng):烛台,泛指灯。
3. 新鞠:新种的菊花。鞠,同"菊"。

師子林三十韻

【方外】元杲[1]

吳中名勝多,莫過此泉石。登覽愜予懷,試問是誰闢。
元至正年間,維則肇籌畫[2]。聚石狀狻猊,智巧成岞崿[3]。
玲瓏比崆峒,幽邃疑凡隔。師子名其峰,形肖勢烜赫[4]。
嶒嶁猶子孫,躍然欲跳躑。[5]風生作哮吼,雨滋毛蘚積。
縱橫氣昂霄,森森列如戟。天如老古錐[6],于茲託高躅。
莖草現瓊樓,說法輝金碧。衲子若輻輳,總爲參元客[7]。

攜筇來問梅,臨軒卻指柏。道契臥雲深,臂斷立雪赤。
頓望[8]在城市,優游自朝夕。雲林亦寄寓,襟袍且悅懌[9]。
愛撫伯牙琴,不著王喬舄[10]。率意寫畫圖,片縑重赤璧【倪高士有師子林圖】。

寥寥寰宇中,俛仰感今昔。今屬查山子[11],坐石披圖籍。
園亭匹輞川,飲興勝彭澤。有時對佳賓,芳樽倒琥珀。
醉餘賡新詩,閒居情頗適。清操竝古人,同心而同格。
子瞻魯直流,學富通儒釋。較書經歲月,琳琅已盈冊。
自負濟世才,閉戶窮搜索。每容問字車,更淹登山屐。[12]
細味冰壺泉,清冽出源脈。賡歌[13]續勝遊,可銷山水癖。

校注:

1. 元杲:生平信息不详。【按】此组诗第十首中明言狮子林"今属查山子",查山子即张士俊,可知元杲当为清初诗人。张大纯《采风类记》中收录署名释元杲的两首诗歌。方外:本义指世俗之外,这里指离俗出世之人。

2. 籌畫:筹划。

3. 岝崿(zuò é):山势高大险峻的样子。

4. 烜(xuǎn)赫:名声或威望盛大的样子。

5. 培嶁:"培"同"培",山峰。躩:跳跃。跳躅:上下跳跃。

6. 老古錐:佛教语,指的是年长而说法开释时语言机锋峭峻的人。

7. 參元客:天、地、人为三元。

8. 頓望:【按】"望"字当作"忘"。

9. 襟袍:行间以小字改"袍"为"抱"。襟抱,胸襟、抱负。悅懌:欢乐、愉快。

10. 王喬舄(xì):亦作"王乔屦""王乔履",指王乔飞凫入朝的故事。典出《后汉书·方术列传上》。

11. 查山子:张士俊别号查山子、半桥居士、六浮阁主人等。

12. 問字車:西汉扬兄载酒文字的故事,代指登门向有学问的人求教。登山屐:谢灵运发明的登山鞋,代指登山游览的人。

13. 賡歌:酬唱和诗。

遊師子林

【方外】靈岳【寶蓮】[1]

堆石似無路，入林徑豁然。獅形常踞地，巖罅儘藏天。
樹古龍常臥，花攢蝶欲眠。倪迂遺舊蹟，晚眺意忘旋。

校注：

1. 靈岳：字宝莲，清代诗人。生平信息不详。《吴门画舫续录》中收录了署名"宝莲""宝莲居士"的五首诗歌。

遊師子林

【女士】吳瓊仙【子佩】[1]

山根新沐紫雲割，春雨一洗碧蘚活。
強從玉屏風上行，如在倪迂畫中出。
阿誰聽得師王吼，翻怪飛禽未驚走。
青苔斑剝拳毛露，抵得驂鸞跨鳳去。[2]

校注：

1. 吴瓊仙：号子佩。【按】清同治刻本《苏州府志·烈女》及《道光平望志·烈女》载，吴琼仙，字珊珊，六镇地人，监生吴义伦之女，待诏徐达源之妻。善书法，尤精于晋唐小楷，好吟咏。著有《写韵楼集》。徐达源(1767—1846)，字岷江，无际，号山民，别号小峨山人，吴江黎里镇人。工诗文，善绘画，为人豁达淡泊，轻仕途，曾任一年待诏，后辞归故里，与洪亮吉、法式善等交好。著有《黎里镇志》《吴郡甫里人物传》《洞上草堂纪略》等。

2. 拳毛：卷曲的毛发。驂鸞(cān luán)：仙人驾驭鸾凤云游。

詞四闋

畫禪寺步月即送劉松嵐之官奉天（調寄南鄉子）[1]

潘奕雋

良夜碧雲收，抽得閒身共獻酬[2]。笑指畫禪竹柏，好清幽。
步月承天故事酉。
酒半引離愁，有客鳴鞭不自由。塞北江南無限，夢悠悠。
明歲今宵憶此遊。

校注：
1. 劉松嵐：即刘大观，前有注。調寄：用调，这里指选用词牌、词调。
2. 酬（chóu）：同"酬"。

題師子林圖（調寄沁園春）

陳玉鄰【樾齋】[1]

我欲放歌，爲語座賓，切勿更譁。看山含畫意，畫勾山影；譬池寫月，譬鏡臨花。地闢眞如[2]，天通小有，萬轉千迴引興賒。驚老眼者，分明非是，師子林耶。

雲林結搆無差，并不是，添成有足蛇。況[3]漣漪曲沼，依前映帶。扶疎偃蹇[4]，照舊盤拏[5]。曩日曾遊，今番再見，定結前因般若家。君藏好，待他年自認，醉墨欹斜[6]。

校注：
1. 陳玉鄰：【按】清同治刻本《徐州府志》載，"陈玉邻，字庶康，一字樾斋。乾隆乙酉(1765)举人。官太原府同知、潞安知府。著有《秦晋诗存》《琴海集》《南墅集》"。

2. 真如：佛教语，指宇宙万物实体、本体。

3. 况(kuàng)：同"况"。

4. 扶疏偃榦：枝叶茂密、干竿偃斜的样子。

5. 照舊盤拏：依旧扭曲倔强地生长着。

6. 欹斜：歪斜不正的样子。

題師子林圖（前調次韻）[1]

【虞山】宗德懋【純伯】[2]

乍爾披圖[3]，靜氣迎人，避卻世譁。似頓遊名境，別開眼界；洞盤九曲，峯妙蓮花。尺幅依然，雲林布置。澹澹何須筆墨賒。又還惜者，依稀鷲嶺[4]，祇欠毗耶[5]。

自思路涉參差[6]，歎客裏，光陰赴壑蛇[7]。筭[8]不如歸去，姑蘇城外，生公石上，逸興紛拏。怪侶狂朋，樱鞋桐帽[9]，踏遍煙霞處處家。身入畫，卻想并州，景冷月窗斜。

校注：

1. 前調次韻：即用前一首陈玉邻《沁园春》的词调和韵脚。

2. 宗德懋：号纯伯，清代人。【按】《常昭合志稿·人物》载："宗德懋，字牧厓，常熟诸生，能诗古文词，工楷法。"

3. 披圖：打开图画。

4. 鷲嶺：亦即鹫山、灵鹫山，借指佛寺。

5. 毗耶：梵文译音，亦作"毗邪""毘耶""毗耶离""毘舍离""吠舍离"。古印度城名，常常用以比喻精通佛法、善说佛理之人。

6. 路涉参差：路途遥远而纷乱。

7. 光阴赴壑蛇：出自苏轼《守岁》诗，"欲知垂尽岁，有似赴壑蛇"。意思是光阴快速流逝，不可追回。

8. 筭(suàn)：同"算"。

9. 椶(zōng)鞋桐帽：椶，同"棕"。亦作"桐帽棕鞋"，指山野乡民的装束。椶鞋：以棕皮丝编织成的鞋子。桐帽，以桐木为骨子做成的幞头。

獅子林（調寄江南好）

劉泳之【彥沖】[1]

江南好，其次是師林。
戶下峰嵐齊削秀，階前松子已成陰。
精舍落花深。

校注：

1. 劉泳之：字彥沖，晚清四川铜梁人，寓居苏州。

参考文献

1. 徐崧,张大纯.百城烟水[M].南京:江苏古籍出版社,1999.
2. 王行.半轩集[M].上海:上海古籍出版社,1987.
3. 徐贲.北郭集[M].上海:上海书店,1986.
4. 张大纯.采风类记[M].扬州:广陵书社,2003.
5. 胡行简.樗隐集[M].上海:上海古籍出版社,1991.
6. 澄观.大方广佛华严经[M].上海:商务印书馆,1935.
7. 高启.大全集[M].上海:上海古籍出版社,1991.
8. 杜甫.杜甫全集[M].高仁,校点.上海:上海古籍出版社,1996.
9. 张适.甘白先生张子宜诗集[M].济南:齐鲁书社,1997.
10. 高启.高太史凫藻集[M].上海:上海书店,1989.
11. 顾廷龙.顾廷龙全集.[M].上海:上海辞书出版社,2015.
12. 王昶.湖海诗传[M].上海:商务印书馆,1936.
13. 秦祖永.画学心印[M].上海:上海古籍出版社,1996.
14. 吴宽.家藏集[M].上海:上海古籍出版社,1991.
15. 江盈科.江盈科集[M].长沙:岳麓书社,1997.
16. 周伯琦.近光集.[M].上海:上海古籍出版社,1991.
17. 张雨.句曲外史贞居先生诗集[M].上海:上海书店,1989.
18. 徐达源.黎里志[M].扬州:广陵书社,2011.
19. 李孝光.李孝光集校注.[M].陈增杰,校注.杭州:浙江古籍出版社,2016.
20. 李孝光.李孝光集校注.[M].陈增杰,校注.上海:上海社会科学院出版社,2005.
21. 马积高,叶幼明.历代词赋总汇·清代卷[M].长沙:湖南文艺出版社,2014.

22. 钱谦益.列朝诗集[M].北京:中华书局,2007.

23. 倪涛,等.六艺之一录[M].上海:上海古籍出版社,1992.

24. 钟嗣成.录鬼簿续编[M].上海:上海古籍出版社版,1978.

25. 孙克强,裴哲.论词绝句二千首[M].天津:南开大学出版社,2014.

26. 缪荃孙.缪荃孙全集[M].南京:凤凰出版社,2014.

27. 陈玉圃.南田画跋解读[M].南宁:广西美术出版社,2013.

28. 高晋.南巡盛典[M].台北:文海出版社,1971.

29. 赵翼.瓯北集[M].李学颖,曹光甫,校点.上海:上海古籍出版社,1997.

30. 欧阳玄.欧阳玄集[M].魏崇武,刘建立,校点.长春:吉林文史出版社,2009.

31. 朱彝尊.曝书亭全集[M].长春:吉林文史出版社,2009.

32. 编委会.清代诗文集汇编[M].上海:上海古籍出版社,2010.

33. 杨镰.全元诗[M].北京:中华书局,2013.

34. 朱存理.珊瑚木难[M].上海:上海古籍出版社,1991.

35. 汪柯玉.珊瑚网[M].上海:商务印书馆,1936.

36. 朱棣.神僧传[M].扬州:广陵书社,1997.

37. 马祖常.石田文集[M].上海:上海古籍出版社,1991.

38. 刘义庆.世说新语[M].刘孝标,注.上海:上海古籍出版社,1982.

39. 屠倬.是程堂诗文集[M].杭州:浙江古籍出版社,2020.

40. 张豫章,等.四朝诗·明诗[M].上海:上海古籍出版社,1991.

41. 李铭皖,冯桂芬.苏州府志(同治本)[M].台北:成文出版社,1970.

42. 魏嘉瓒.苏州古典园林史[M].上海:上海三联书店,2005.

43. 王稼句.苏州园林历代文钞[M].上海:上海三联书店,2008.

44. 姚广孝.逃虚子集[M].济南:齐鲁书社,1997.

45. 徐世昌.晚晴簃诗汇[M].上海:上海古籍出版社,1995.

46. 王彝.王常宗集[M].上海:上海古籍出版社,1991.

47. 钱谷.吴都文粹续集[M].上海:上海古籍出版社,1991.

48. 西溪山人.吴门画舫续录[M].上海:有正书局,1915.

49. 曹允源,李根源.吴县志(民国本)[M].南京:凤凰出版社,2008.

50. 王幼敏.吴翌凤研究[M].上海:上海古籍出版社,2008.

51. 普济.五灯会元[M].北京:中华书局,1984.

52. 冯桂芬.显志堂稿[M].北京:朝华出版社,2018.

53. 袁枚.小仓山房诗文集[M].周本淳,校.上海:上海古籍出版社,1988.

54. 陆深.俨山集[M].上海:上海古籍出版社,1993.

55. 昙无谶.优婆塞戒经[M].上海:国光印书局,1935.

56. 顾德辉.玉山名胜集[M].北京:中华书局,2008.

57. 玄烨.御选元诗[M].上海:上海古籍出版社,1991.

58. 危素.云林集[M].北京:文物出版社,1986.

59. 张雨.张雨集[M].彭万隆,点校.杭州:浙江古籍出版社,2015.

60. 李森文.赵执信年谱[M].济南:齐鲁书社,1988.

61. 赵执信.赵执信全集[M].赵蔚芝,刘聿鑫,校点.济南:齐鲁书社,1993.

62. 郑元佑.郑元佑集[M].邓瑞全,陈鹤,校点.长春:吉林文史出版社,2010.

63. 郑元佑.郑元佑集[M].徐永明,校点.杭州:浙江大学出版社,2010.

64. 乔晓军.中国美术家人名辞典·补遗[M].西安:三秦出版社,2007.

65. 张宗友.朱彝尊年谱[M].南京:凤凰出版社,2014.

66. 沈德潜.归愚诗钞.清乾隆十六年(1751)刻本.

67. 李绂.穆堂类稿.清道光十一年(1831)刻本.

68. 潘奕隽.三松堂集.清同治十一年(1872)刻本.

69. 查揆.菽原堂集.清嘉庆八年(1803)刻本.

70. 潘耒.遂初堂集.清康熙四十九年(1710)刻本.

71. 钱思元.吴门补乘.清嘉庆二十五年(1820)刻本.

72. 吴锡麒.有正味斋集.清嘉庆二十三年(1818)刻本.

73. 彭启丰.芝庭诗文稿.清乾隆三十三年(1768)刻本.